perfis brasileiros

Outros títulos da coleção perfis brasileiros

Castro Alves, Alberto da Costa e Silva
D. Pedro I, Isabel Lustosa
D. Pedro II, José Murilo de Carvalho
General Osório, Francisco Doratioto
Getúlio Vargas, Boris Fausto
Joaquim Nabuco, Angela Alonso
Leila Diniz, Joaquim Ferreira dos Santos
Nassau, Evaldo Cabral de Mello
Rondon, Todd A. Diacon

Cláudio Manuel da Costa

por
Laura de Mello e Souza

coordenação
Elio Gaspari e Lilia M. Schwarcz

COMPANHIA DAS LETRAS

copyright © 2010 by Laura de Mello e Souza

Grafia atualizada segundo o Acordo Ortográfico
da Língua Portuguesa de 1990,
que entrou em vigor no Brasil em 2009.

capa e projeto gráfico
warrakloureiro

imagem da capa
Manuscrito e assinatura de Cláudio Manuel da Costa.
Arquivo Público Mineiro — APM

pesquisa iconográfica
Vladimir Sacchetta
Lucia Garcia

preparação
Leny Cordeiro

índice remissivo
Daniel Theodoro

revisão
Ana Maria Barbosa
Márcia Moura

Dados Internacionais de Catalogação na Publicação (CIP)
(Câmara Brasileira do Livro, SP, Brasil)

Souza, Laura de Mello e
    Cláudio Manuel da Costa / Laura de Mello e Souza.
— São Paulo : Companhia das Letras, 2011.

    ISBN 978-85-359-1761-1

    1. Costa, Cláudio Manuel da, 1729-1789 2. Poetas
brasileiros — Biografia I. Título.

10-10419   CDD-928.6991

Índice para catálogo sistemático:
1. Poetas brasileiros: Biografia 928.6991

[2011]
todos os direitos desta edição reservados à
EDITORA SCHWARCZ LTDA.
rua Bandeira Paulista, 702, cj. 32
04532-002 – São Paulo – SP
tel. (11) 3707-3500
fax: (11) 3707-3501
www.companhiadasletras.com.br

Cláudio Manuel da Costa

O letrado dividido

Para Vavy Pacheco Borges, amiga querida
e mestra na arte de escrever biografias

*Que consciência dividida
me faz ser dois e, em seguida,
me torna um só, mas sem vida?*

*Quem me trouxe a este degredo?
Quem me jogou desde cedo
em labirintos de medo?*

*Que sombra, estigma ou segredo
se grava, trêmulo, a medo,
em minha face plural?*

*Quem te conta o que não digo
e dorme sempre comigo
sono de pedra e cal?*

Emílio Moura, "Canção"

Sumário

Introdução 11

1. Cláudio: nome e destino 17
2. Os pais 23
3. A paisagem da infância 29
4. A casa e a primeira formação 36
5. Mineiro no Rio 47
6. Coimbra 53
7. Poesia e sociabilidade 64
8. De volta à pátria 69
9. Mariana e Vila Rica 74
10. Ajudando a governar 81
11. Boas amizades 90
12. Brigando por cargos 95
13. Primeiro advogado 104
14. Dinheiro e serviço 110
15. Viagem dilatada e aspérrima 118

16. Letrado de aldeia 129
17. Ser e parecer 140
18. Renascido, ultramarino, obsequioso e satírico 146
19. Dilaceramento 158
20. Conversas perigosas 164
21. Tragédia 178
22. Delírio 186
23. História, lenda e remorso 192

Agradecimentos 199
Indicações e comentários sobre bibliografia
e fontes primárias 201
Glossário 217
Cronologia 221
Índice remissivo 235

Introdução

Cláudio Manuel da Costa chegou até hoje quase sem rosto. Há uma gravura, ao que parece do século XIX, originalmente talvez até fosse um desenho, que representa a fisionomia do poeta: fronte antes larga, com bico de viúvo — e ele nunca o foi —, cabelos ainda fartos mas meio lambidos, colados à cabeça e escorrendo por trás do pescoço, sobrancelhas arqueadas, nariz reto e um pouco longo, face escanhoada, como se usava na época, os lábios mais para grossos quase esboçando um meio sorriso. Representação póstuma, muito repetida quando se trata dele, mas que nada indica ser confiável. Como da mesma forma não o parece ser um retrato a óleo existente no Instituto Histórico e Geográfico Brasileiro, menos conhecido e contudo mais plausível em termos históricos: o casaco vermelho, semiaberto sobre o peito, deixa entrever um colete adamascado, preso por pequenos botões; na cabeça, a cabeleira branca atada em rabicho, de praxe até a Revolução Francesa, e que Cláudio, sabe-se pelo rol dos seus bens sequestrados, de fato possuía. Testa ampla, como na gravura, mas olhos vagos e tristes, a boca meio contraída, um ar de melancolia a envolver toda a figura. Muita controvérsia cerca um terceiro retrato, tão ou mais improvável que os anteriores, a sua fisionomia servindo à representação de santo Ivo, patrono de homens de leis como ele, ornando, junto a outros franciscanos ilustres — são Boaventura, santo Antonio e são Francisco — o teto da capela-mor da extraordinária igreja deste santo em Ouro Preto. De autoria igualmente polêmica — uns a creditam a Francisco Xavier Gonçalves, artista português residente em Vila Rica; outros ao pintor Feliciano Manuel da Costa, filho do poeta; outros ainda a ninguém menos que Manuel da Costa Ataíde — lá está a figura de um quarentão com o mesmo nariz pontudo e o bico de viúva na testa encontrados nos demais retratos, mas com o queixo largo e os lábios finos, a cintura cingida pela faixa branca própria à veste dos advogados.

Numa ou noutra referência escrita, consta que era bem alto, e assim se designavam então os homens com cerca de um metro e oitenta. Que usava óculos, talvez por causa da idade, ou quem sabe os usasse quando moço e já afeito a ler e escrever rimas. Mais tarde, foi dado ao vício do tabaco, ou seja, a aspirar rapé, assoando-se depois no lenço, sempre pronto e à mão.

No contexto lusitano, ainda mais em territórios ultramarinos, não se cultuou a arte do retrato, tão disseminada no mundo europeu a partir do Renascimento. Tivesse Cláudio Manuel da Costa sido o poeta de renome que foi em Vila Rica, mas vivesse na Holanda, na França, na Itália ou na Espanha, e certamente haveria mais de uma representação sua, em tela ou mármore, como as há ali de artistas e letrados famosos, a exemplo do retrato de Baltazar Castiglione, o conhecido autor de O cortesão, pintado por Rafael, ou do busto de Voltaire esculpido por Houdon. Mas mesmo que o retratassem: Cláudio continuaria enigmático, os detalhes de sua vida escapando por entre os dedos do pesquisador, esgarçando-se em contradições e se chocando uns com os outros em traços irredutíveis. Durante muito tempo, sequer sobre a data de seu nascimento houve consenso, e menos ainda sobre o lugar onde veio ao mundo. Alguns estudiosos competentes e aplicados conseguiram levantar uma ou outra ponta do véu que sempre o encobriu: o erudito e bibliófilo Alberto Lamego revelou o único documento de cunho mais autobiográfico escrito por Cláudio, narrativa breve sobre sua filiação, irmandade, vida escolar, poemas até então — 1759 — dados ao público. O filólogo e historiador da literatura Manuel Rodrigues Lapa descobriu uma série interessante referente a sua vida de advogado e homem de governo ao longo da década de 1760, e asseverou ser ele o autor da "Epístola a Critilo" que abre as famosas "Cartas chilenas", atribuídas, pelo mesmo estudioso, a Tomás Antônio Gonzaga.

Aliás, ao longo dos séculos, seus traços se misturaram aos de Gonzaga e aos de outro grande amigo, Inácio José de Alvarenga Peixoto. Sobre os quais, é importante ressaltar, há abundância muito maior de documentos e dados. "Cláudio Manuel da Costa? O que amou Bárbara Heliodora e, uma vez degredado, se casou prosaicamente em Moçambique com uma mestiça gorda e rica?"

Não: quem se casou com Bárbara foi Alvarenga, quem refez a vida na África foi Gonzaga. Cláudio nunca mereceu uma biografia, nem um esboço biográfico mais alentado, como os que Rodrigues Lapa traçou para introduzir as obras desses dois outros poetas. Sua vida permaneceu na penumbra, sem certezas possíveis acerca do ambiente onde recebeu as primeiras letras, dos lugares por onde andou, das conspirações que urdiu ou ignorou, da maneira como veio a morrer.

Mais: os extraordinários poemas que compôs e reescreveu obsessivamente anos a fio — referência obrigatória para bardos muito mais populares, como Manuel Bandeira, Vinicius de Morais, Carlos Drummond de Andrade — são pouco conhecidos ainda hoje. Publicados em 1768, quando Cláudio tinha 39 anos, só vieram a sê-lo de novo no início do século xx, pelo historiador e linguista João Ribeiro, e quando Gonzaga ainda era quase um *best-seller*.

Cláudio Manuel da Costa morreu solteiro mas deixou filhos e companheira, dos quais se sabe pouquíssimo. Como tantos homens que viveram em Minas Gerais durante o século xviii, amasiou-se com uma negra, ou mulata escura, parece que escrava até gerar o primeiro filho de ambos, e então alforriada. Outro vulto desprovido de rosto, a deslizar na penumbra, sem deixar vestígios nas listas de capitação, nos assentos de irmandades, nos registros de nascimento ou óbito, num inventário sequer — e muitas negras forras os tiveram nas Minas de então — que permita ao historiador saber um pouco que seja sobre a privacidade dessa família informal.

No início da década de 1970, Joaquim Pedro de Andrade deu um rosto a Cláudio no belo filme *Os inconfidentes*. Um rosto barbudo, que certamente não foi o de Cláudio, já que então não se usava barba, e o próprio cineasta devia saber muito bem disso. Parece ter tomado de empréstimo o pobre rosto desconhecido de Cláudio Manuel da Costa para metáfora de outros homens de letras, contemporâneos seus, e não dele. Daí o Cláudio barbudo e atormentado, talvez até um pouco além da conta, mesmo que o poeta tenha sido um homem obviamente cindido por conflitos internos incontornáveis, capaz de escrever, como Sá de Miranda o fizera dois séculos antes: "Comigo me desavim".

A Francisca Arcângela de Souza, companheira de Cláudio por toda a vida, Joaquim Pedro mal deu um rosto: o espectador vislumbra um corpo negro deitado na cama do poeta quando o amigo Gonzaga o procura, depois percebe que, como sombra, vai se eclipsando e desaparece para, em seguida, deslizar, sempre silencioso, por uma borda de mesa, sobre a qual dispõe pratos e alimentos. Conversando com os amigos, Cláudio se aproxima um pouco de Francisca Arcângela, pousa a mão no seu ombro, a meio caminho entre o afeto e o amparo. No que diz respeito a ele, seus irmãos, seus pais, é possível hoje ir um pouco além, com base em documentos novos: um inventário até agora desconhecido, os processos referentes à obtenção de mercês e cargos — as habilitações para a Ordem de Cristo e para ser qualificador do Santo Ofício da Inquisição —, os registros das atividades da Câmara Municipal de Vila Rica, onde ele atuou várias vezes. Não se ganham elementos novos para melhor desenhar o rosto de Cláudio, mas enfileirando essas evidências e perseguindo sua assinatura, se avança um pouco na compreensão da sua personalidade e do papel atuante que teve na vida de sua "pátria", conforme gostava de escrever.

De Francisca Arcângela continua-se sem saber quase nada, mas cabe cogitar como foi importante na vida do poeta, ajudando-o na faina diária, preenchendo o papel que nela cabia às mulheres, à frente da casa, das escravas, das tachadas de doce, da feitura das mantas de lã ovina ou algodão, dos travesseiros e colchões de paina, aconchegando-o, homem tristonho que foi, com pequenas atenções e com o seu amor. Afinal, cinco filhos dizem muito, indicam uma relação duradoura e, sob muitos aspectos, satisfatória. Uma vez Cláudio morto, Francisca, reza a tradição, se empenhou em lhe conseguir sepultura, contornando com sucesso o estigma do suicídio. Foi o vulto atrás do vulto, talvez menos perscrutável por ser negra num mundo que, mesmo se majoritariamente negro e escravista, era dominado por brancos.

Aos rostos atribuídos a Cláudio Manuel da Costa — quatro, contando com o que o ator Fernando Torres lhe deu no filme —, talvez seja melhor contrapor os escritos que deixou, da poesia à narrativa histórica, passando pelos documentos mais secos, redigidos para a burocracia do governo de Minas, ao qual serviu como secretário. Todos ostentando uma letra miúda, correta, bonita e culta.

De Cláudio, portanto, melhor tomar a assinatura.

Francisca Arcângela sequer deixou assinatura.

1. Cláudio: nome e destino

Destes penhascos fez a natureza
O berço em que nasci: oh! quem cuidara
Que entre penhas tão duras se criara
Uma alma terna, um peito sem dureza!
Soneto XLVIII, *Obras*

Filho do português João Gonçalves da Costa e da paulista Teresa Ribeiro de Alvarenga, Cláudio Manuel da Costa nasceu em Minas Gerais, no distrito da Vargem, no dia 5 de junho de 1729. Na época, o rei de Portugal era d. João V e governava a capitania das Minas d. Lourenço de Almeida, fidalgo de alta linhagem e conduta mais que duvidosa.

Naqueles anos, os diamantes atraíam levas enormes de gente para uma região nova, onde hoje estão Diamantina, o Serro, Milho Verde e outros lugarejos que ainda guardam um pouco da atmosfera do século XVIII. Parece que as pedras brancas haviam sido encontradas bem antes, por volta de

1714, mas autoridades e uns tantos privilegiados mantiveram segredo sobre o ocorrido, explorando-as em proveito próprio, enchendo-se o suficiente para garantir abastança por boa parte do resto de suas vidas. D. Lourenço de Almeida foi dos que mais se aproveitaram dos novos descobertos. Tinha antes estado na Índia, terra também abundante em gemas preciosas; ao chegar a Vila Rica em 1721, já deviam correr boatos e até amostras dos diamantes. Em 1729, quando não era mais possível encobrir o fato consumado, o que todos sabiam — ou quase todos — teve de se tornar público: o rei, d. João v, advertiu seriamente o governador num ofício, dizendo que até no Reino circulavam as pedras trazidas de Minas em navios vindos do Brasil. Os descobertos tinham sido feitos cerca de quinze anos antes, e em zona sob sua jurisdição: mesmo que fossem notícias vagas, como alegava d. Lourenço para se defender, deveria tê-las relatado a seu soberano, continuava d. João. E o puxão de orelhas final: não era justo que a notícia chegasse primeiro à sua presença "por outra via" do que pela informação pessoal do governador.

A capitania de Minas, que tinha sido desmembrada da de São Paulo em 1720, correspondia a uma região enorme, mal conhecida dos portugueses e ainda mal cartografada, a indefinição das fronteiras fazendo que as jurisdições se embaralhassem e superpusessem. Havia terras de Minas que respondiam ao bispado da Bahia, outras, ao de Pernambuco, a maior parte delas ao do Rio de Janeiro. Quando em 1745 se criaram os bispados de Mariana e São Paulo, o mosaico ficou ainda mais complicado: Minas se subdividia em muitas, um caleidoscópio a multiplicar pedacinhos até o infinito.

A população também guardava essa feição de colagem, mosaico ou quebra-cabeça. Em terra nova, aberta à colonização portuguesa havia cerca de trinta anos, ser mineiro era antes uma designação profissional que regional ou identitária. Os habitantes de Minas tinham vindo de outros lugares, quase sempre longínquos, apesar de a distância variar entre a imensidão do oceano, a do sertão do rio São Francisco, a da escalada da Mantiqueira. Para arriscar a vida minerando ouro numa região central da América, o pai de Cláudio tinha feito a maior das viagens então possíveis, despencando do Reino, onde, em São Mamede das Talhadas do Vouga — ou São Mamede das Doninhas, como se dizia mais comumente no final do século XVII —, vivera até então da terra, arando-a com seus bois. Fizera como cerca de 15 ou 20 mil outros portugueses que, nos quinze primeiros anos da mineração — até por volta de 1715, portanto — tentaram a sorte nas Minas. A mãe, contudo, entroncava em famílias paulistas, o que daria ao poeta, quando adulto, motivo para reivindicar foros de nobreza local. Contraditórias e mistificadoras como são, as diferentes genealogias permitem viajar nos séculos e identificar entre os antepassados de Cláudio os dois grandes pais fundadores da "paulistanidade": o cacique Tibiriçá e João Ramalho. Esse avô mítico de tudo quanto é paulista que se preze, ou busca se prezar, se uniu a Potira, rebatizada na religião católica com o nome de Isabel Dias Ubá, e gerou um cipoal de Camachos, Godóis e Moreiras. Em meados do século XVII, por volta de 1634, um rebento dessa linhagem se juntou com uma senhora Alvarenga, de origem obscura: são os bisavós de Teresa Ribeiro de Alvarenga, mãe do poeta, por intermédio de quem ele puxaria a trama de uma possível ascendência ilustre, ou pelo menos tão antiga quanto a colonização.

Verdade ou mentira? Difícil saber, mas, possivelmente, um pouco de cada uma, mesmo porque, como disse um homem de letras do Renascimento — Montaigne —, o rosto de ambas muitas vezes é parecido. De qualquer forma, o exercício de genealogia permite destacar mais uma dualidade na vida de Cláudio: por um lado, sua origem era obscura, humilde e, quanto ao enraizamento local, recentíssima, em tudo, portanto, conforme a dominante daquela sociedade arrivista e ainda em processo de constituição; por outro, confundia-se com a história dos primeiros tempos da Colônia, engatando na lenda e no mito como toda história inicial, entre elas a da loba romana, mãe da cultura latina sempre tão presente no universo mental do poeta.

Cláudio, aliás, era nome romano, pouco comum em Minas Gerais ao longo do século XVIII, como também no Portugal da época. Dos países europeus, é na França que o nome tinha maior popularidade, alguns chegando a dizer que por influência do *Hamlet*, de Shakespeare, peça na qual Cláudio era o padrasto do príncipe da Dinamarca. As listas de nomes existentes ainda hoje nos arquivos mineiros — listas de pagadores de dízimos, dos que deviam aos mortos, listas de batizados e de óbitos, listas de escravos, de letrados, de vereadores da Câmara — só excepcionalmente contêm outro nome igual. No ano em que o poeta nasceu — 1729 — encontrava-se na cadeia de Lisboa um Cláudio Dias, preso por ter desviado ouro dos quintos cobrados em Minas: não se sabe se natural da capitania, se nascido no Reino. Houve uma Cláudia de Araújo, que viveu no Furquim lá por meados do Setecentos, e talvez cerca de uma dezena na capitania, ao longo do século todo. Para o século anterior, e nas demais partes da Colônia, quase não se encontram pessoas com esse nome, os documentos do Conselho Ultramarino não registrando mais que um Cláudio Urrey, estrangeiro por certo, que andara pela Bahia.

Não que no mundo lusitano só se dessem às crianças os nomes dos santos mais populares, apesar de, nas Minas, os Josés — em homenagem ao marido da Virgem, em franca ascensão na época — constituírem legião: encontram-se nomes mais raros, hoje em total desuso, como Ventura, Clemente, Gervásio, Valentim. Nomes de santos meio feiticeiros e mais próximos do diabo que do Criador, como Cipriano. Nomes romanos também, como Teodósio. E nomes compostos mais esdrúxulos que o do poeta, como Teotônio Maurício e Constantino Lourenço, para não falar naqueles, mais comuns, de dois dos grandes amigos da sua vida adulta, Inácio José e Tomás Antônio. Cláudio Manuel, só ele: metade romano, refinado, antiquíssimo; metade português, ordinário, banal.

João e Teresa, os pais, tinham nomes portugueses comuns na época. Os nomes mudam ao longo do tempo: Andreza, Violante, Custódio já tiveram seus dias de glória em épocas passadas, e nos cartórios de hoje não se encontra sequer um deles. Aos filhos havidos de sua união, o casal Gonçalves da Costa e Ribeiro de Alvarenga quase sempre deu nomes portugueses e comuns como os seus, mas inovou aqui e ali, de modo bastante curioso e sugestivo. Tudo indica, apesar de certa confusão nos documentos, que foram três os Antônios, invocando os pais de João da Costa, Antônio Gonçalves da Costa e Antônia Fernandes: o mais velho, nascido em 1722, que manteve o nome quando se tornou frade agostiniano e lhe acrescentou um "de Santa Maria dos Mártires"; o segundo, João Antônio — possivelmente falecido ainda estudante universitário em Coimbra —, e um terceiro, bem mais moço, José Antônio, vindo ao mundo, conforme as evidências, em 1736, e muitos anos depois juiz de fora em Olinda.

Um pouco discrepante, mas não tanto como Cláudio, foi o nome que deram ao quarto rapaz, Francisco de Sales, santo francês aguerrido na luta contra os protestantes e canonizado em 1655: a escolha dá um tom mais cosmopolita ao casal da Vargem do Itacolomi, sugere certa admiração pelo movimento dos salesianos e por um novo tipo de caridade que se havia delineado na França por intermédio de um outro seguidor desse santo, o extraordinário Vicente de Paulo. Francisco de Sales nasceu em 1733, foi frade da Santíssima Trindade, acrescentou ao nome de batismo o "de Jesus Maria" e seguiu os cursos da Universidade de Coimbra no final da década de 1750, tornando-se doutor e lente de Teologia, além de figura de destaque junto ao Tribunal da Inquisição: em 1776, era qualificador do Santo Ofício, o que correspondia a um atestado de vasta cultura teológica e religiosa, além de prestígio político.

A primeira das meninas carregou em três dos seus nomes a tradição portuguesa: Ana Rosa Felícia; o quarto nome que lhe atribuíram permite, contudo, que se perceba de novo a reverência paterna pela França, expressa na escolha do nome do futuro poeta e do irmão trinitário: não mais religiosa, como no caso de Francisco de Sales, mas política, pois a moça era "de Valois", como os reis da dinastia que terminara no final do século XVI: Ana Rosa Felícia de Valois! Por fim, a última das filhas era Francisca Clara de Jesus: como ocorrera com a escolha do nome do primogênito Antônio, fechava-se a prole com a tradição onomástica bem lusitana.

Como pouco se sabe dos pais de Cláudio Manuel, as escolhas que fizeram para nomear os filhos são indícios de alguma sofisticação ou requinte num meio rude, onde tudo começava e estava por fazer. João Gonçalves da Costa e Teresa Ribeiro de Alvarenga parecem ter sido mais do que meros aventureiros atraídos pelo ouro e pelo enriquecimento fácil, denotando certa instrução, talvez certa cultura. Antes da reforma da universidade, e antes que se generalizasse entre os habitantes das Minas o hábito de mandar os filhos estudarem no Reino, o casal se esforçou, sabe-se lá como, para que cinco dos meninos cursassem Coimbra. Uma raridade na época.

2. Os pais

Os pais de Cláudio tinham se fixado na área mineradora porque era principalmente atrás de ouro que as levas humanas chegavam a Minas. A criação de animais, o comércio de secos, molhados, os comboios de escravos vinham em seguida, mas sempre em função do trabalho minerador. O ouro, sobretudo aluvional, catado dentre o cascalho dos regatos e rios, ou também escarafunchado das encostas, onde se depositava à flor da terra, originava povoados pequenos, que se multiplicavam junto com os novos descobertos, pontilhando o território e disputando espaço com a vegetação densa e com os índios, habitantes primeiros de todo aquele espaço geográfico. Em 1725, pouco antes de Cláudio nascer, a Coroa portuguesa recebeu — ou poderia receber, a mensuração sempre implica incertezas — cerca de 52 arrobas de ouro por meio da cobrança do quinto, o principal imposto que então incidia sobre o metal e correspondia, como diz o nome, a vinte por cento do que se extraía da terra.

Os dados genealógicos ora indicam que Teresa nasceu em São Paulo, ora na freguesia de Nossa Senhora da Conceição da Guarapiranga. A origem é inequívoca: os avós eram lavradores bem situados na escala social, casados, conforme um documento, na matriz de São Paulo, na tarde de 18 de fevereiro de 1697: gente conhecida e que tinha raízes antigas na região. Como já era mãe de Antônio desde 1722, Teresa deve ter vindo ao mundo um pouco antes ou um pouco depois da virada do século. Naquela altura, tanto Minas quanto São Paulo pertenciam, do ponto de vista administrativo, à capitania do Rio de Janeiro, e boa parte dos mineradores era paulista, como o capitão Francisco de Barros Freire e dona Isabel Rodrigues de Alvarenga, pais de Teresa e avós de Cláudio. O arraial de Guarapiranga é hoje o município de Piranga, na Zona da Mata, e o nome significaria "pássaro vermelho". As fontes divergem, mas entre 1691 e 1704 a região já era explorada por gente vinda de Taubaté, contando inclusive com uma capelinha ou um oratório dedicado à Virgem da Conceição, onde dizia missa um frade terceiro apelidado de "o Catarro". As *sezões* infestavam Guarapiranga, que só se viu livre delas — atualmente conhecidas pelo nome de malária — graças a um milagre de Nossa Senhora, tornando-se desde então "o sítio mais sadio das Minas". Livre da peste, o arraial foi assolado por outro flagelo: a guerra. Os emboabas — designação dada na época aos forasteiros que acorriam às Minas em busca de oportunidades — atacaram Guarapiranga, reduto paulista, mas o arraial escapou da destruição. Em 1823, quando foi visitada pelo bispo d. Frei José da Santíssima Trindade, a freguesia de Guarapiranga contava com pouco mais de 2,3 mil pessoas "confirmadas": mesmo que o decréscimo da mineração tenha levado o número de fregueses a minguar consideravelmente, o arraial onde Teresa nasceu não deveria ultrapassar a ordem das centenas.

O episódio emboaba marcaria profundamente a imaginação criativa de Cláudio Manuel da Costa. Sua história pessoal derivava do embate: a mãe, pequena, assistindo às correrias das tropas, ou fugindo delas e se escondendo em algum sítio dos arredores de Guarapiranga; o pai, português e forasteiro, emboaba portanto — que era este o significado da palavra, segundo os especialistas —, tinha origem humilde, descendia de lavradores, de artesãos modestos, de comerciantes de azeite, cruzara o oceano ainda bem jovem para tentar a sorte e conseguir riqueza nas novas minas de ouro da América. Já maduro e consagrado como poeta, Cláudio escreveu um poema épico, o "Vila Rica", em que celebrou o estabelecimento do governo português nas Minas e o embate entre civilização e barbárie por meio da guerra emboaba. Teresa e João, paulistas e emboabas, estavam por trás da matéria poética:

> *Levados do fervor que o peito encerra*
> *Vês os Paulistas, animosa gente,*
> *Que ao Rei procuram do metal luzente*
> *Co'as próprias mãos enriquecer o Erário.*
> *[...]*
> *A exemplo de um contempla iguais a todos,*
> *E distintos ao Rei por vários modos*
> *Vê os Pires, Camargos e Pedrosos,*
> *Alvarengas, Godóis, Cabrais, Cardosos,*
> *Lemos, Toledos, Paes, Guerras, Furtados,*
> *E os outros, que primeiro assinalados,*
> *Se fizeram no arrojo das conquistas,*
> *Ó grande sempre, ó imortais Paulistas!*
> ("VILA RICA", CANTO VI)

Antônio Gonçalves e Antônia Fernandes tinham se casado em 27 de novembro de 1660, mas João Gonçalves só nasceria em 4 de outubro de 1682, filho tardio, portanto, do casal. As testemunhas que depuseram em 3 de julho de 1719, quando corriam os banhos para o casamento de João e Teresa, afirmam que conheciam o noivo havia nove anos, desde quando se mudara para as Minas: viera taludo, portanto, beirando os trinta anos, trocando o arado pela quimera do ouro recém--descoberto, e do qual corriam relatos fantásticos no Reino. Seguira a trajetória dos portugueses ambiciosos, que acabavam de fato enriquecendo e se afastando irreversivelmente da família humilde, perdida numa aldeia interiorana: primeiro, cuidara em se estabelecer, para então casar com moça socialmente bem situada e muito mais nova — quase vinte anos — que ele.

As datas permitem cogitar que o João Gonçalves da Costa registrado num interessantíssimo escrito médico da época, o *Erário mineral dividido em doze tratados*, fosse o pai de Cláudio. Seu autor, Luís Gomes Ferreira, esteve nas Minas levado sobretudo pela riqueza fácil, mas era cirurgião e acabou se envolvendo com atividades curativas. O encontro entre Gomes Ferreira e João Gonçalves teria ocorrido em 1712, o pai do poeta contando então trinta anos. Morava no arraial da Barra, próximo à Vila Real do Sabará, não muito longe, portanto, da Vila do Carmo onde depois se fixou: distância que, a cavalo ou em mula, se podia percorrer em poucos dias. Seria ainda solteiro, pois não há menção à esposa, e muito guloso. Mesmo advertido pelo cirurgião Ferreira, João Gonçalves comeu um prato de batatas cozidas com melado, entrando a arder em febre alta e largando-se na cama com ânsias insuportáveis. Queria ser sangrado, mas o que o salvou foram os vomitórios de tártaro emético, um pozinho branco sem cheiro nem gosto — um sal, na verdade — que Ferreira lhe administrou dissolvido em água morna. Depois de três doses, e mais uma purga de resina de batata, o moço "obrou copiosamente" e limpou o corpo.

Anos depois, em 1719, João Gonçalves poderia ter chamado de novo o cirurgião para tratar de um escravo mordido por jararaca. As incertezas ficam agora por conta do nome registrado no *Erário*: João Gonçalves *Ribeiro*. As probabilidades se assentam no local — residia no Itacolomi, freguesia da Vila do Carmo, onde, no sítio da Vargem, depois nasceria Cláudio — e no círculo de relações a que ambos, com alguma evidência, pertenceriam: Gomes Ferreira frequentava a Fazenda da Vargem, de propriedade de João Fernandes de Oliveira, o Velho, que em 1729 batizaria Cláudio. O cirurgião afirmou que ele e João Gonçalves se conheciam havia muitos anos, provavelmente desde a inesquecível indigestão do Sabará. Nos idos de 1719, quando nem Antônio, o irmão mais velho, havia nascido, mas já na vigência do casamento com Teresa Alvarenga, o pai de Cláudio tinha escravos, cuidava deles com os remédios possíveis, frequentava a Vila do Carmo para, na botica local, comprar unguento egipcíaco, panaceia preparada com vinagre, mel e acetato de cobre, excelente para cauterizar toda sorte de feridas. Mais um sinal de certo esclarecimento: para mordida de bicho peçonhento, recorria à "ciência" disponível em vez de seguir procedimentos então correntes mas menos racionais, como o preconizado por um certo padre Jerônimo de Tal, que atava uma fita em torno da mordedura, golpeava a zona infectada com a ponta de uma navalha e proibia o paciente de ter por perto mulher ou animal prenhe.

Um documento de natureza diferente, comparável aos atuais registros de propriedade, talvez seja o mais fidedigno de todos: indica que, desde 29 de dezembro de 1712, um certo João Gonçalves da Costa possuía um sítio nos subúrbios de Mariana, onde, conforme o uso da exploração rural da região, se dedicava a atividades econômicas variadas: criava aves, plantava milho, cana-de-açúcar e contava com cinquenta pés de banana, o que, para a época, não era insignificante. E a lista dos quintos de ouro pagos em 1725 registra que pessoa do mesmo nome era proprietária de nove escravos, um deles, inclusive, originário de Portugal. Juntando todas essas meadas, é possível arriscar que, pouco depois da indigestão e das purgas salvadoras, o pai de Cláudio deixara as cercanias de Sabará para se fixar nas da Vila de Nossa Senhora do Ribeirão do Carmo, a mais antiga da capitania e que, depois de 1745, se tornou a cidade de Mariana.

Ali casou-se, prosperou sem contudo enriquecer de fato, criou a prole que ia chegando. Quando Cláudio nasceu, em 1729, foi batizado na capela da Conceição, no sítio da Vargem do Itacolomi, onde se havia aos poucos estabelecido uma comunidade de portugueses originários, na maioria, do Norte do Reino, havendo as exceções, como João Gonçalves e um outro vizinho, natural da ilha das Flores.

A família de Cláudio parece ter contado entre as primeiras a viver ali. Em 1714 havia chegado Domingos Pereira Lima, possivelmente um dos moradores mais antigos, vivo ainda na década de 1760, quando foi capaz de se lembrar daqueles tempos e testemunhar em favor da limpeza de sangue e bons costumes dos Costa. José Francisco dos Santos, dono de um "negócio de loja", viera de perto de Alcobaça em 1735, quando Cláudio já era meninote. Domingos Lourenço, a quem as fontes atribuem a patente de coronel, era um homem rude, vizinho da família desde 1738, como também Matias Teixeira da Mota. Dionísio Pires Gonçalves, um dos mais jovens naquela comunidade, se mudara para a região em 1743, pouco antes de Cláudio partir para o Rio de Janeiro.

3. A paisagem da infância

A Vila do Carmo se achava bem perto de Vila Rica, e ambas constituíam, na época, dois dos maiores e mais importantes centros urbanos de Minas, capitania cujo centro aurífero era pontilhado por pequenos arraiais dotados de capelas, igrejas, comércio, irmandades religiosas e muitos dos atributos da sociabilidade mais tipicamente citadina. Vila Rica era mais elevada — ficava cerca de 1100 metros acima do nível do mar — e tinha uma topografia trágica, acidentada, as gargantas e vales se insinuando entre os morros escarpados. Do fundo desses vales brotaram os primeiros arraiais mineradores, como o do padre Faria e o de Antônio Dias. Já a Vila do Ribeirão do Carmo, como costumava ser chamada, estabeleceu-se num vale mais largo e que não teria além de setecentos metros de altitude, no qual o curso d'água, após se espremer entre despenhadeiros apertados, descansava em remansos e não raro extravasava dos leitos em cheias terríveis.

No início da década de 1730, quando Cláudio era ainda um menininho, as datas minerais — as terras distribuídas aos que tinham escravos para delas extrair ouro — se misturavam aos lotes urbanos, acentuando a indistinção entre os espaços mais citadinos e os propriamente rurais. O desmatamento começava a tirar o sono das autoridades, já que bastava caminhar uns tantos metros para obter lenha nas capoeiras e matas virgens circunvizinhas. A despeito da qualidade social dos que assim procediam, procurava-se impedir as fogueiras — já que, das cinzas, se fazia sabão — e o corte das árvores no raio de uma légua em torno das vilas.

Mas aos poucos o perfil mais urbano se consolidava. A capelinha da Conceição, mais velha que a própria vila, ia, após sucessivas reformas, tomando ares de igreja matriz, plantada num terreiro quadrangular onde foram se erguendo outros símbolos do poder colonial, como a Casa da Cadeia e o pelourinho. Por volta de 1734, construiu-se a Casa de Fundição, para onde se recolhia o ouro do quinto, ali fundido em barras marcadas. Nenhuma dessas mudanças contudo modificou o aspecto geral de irregularidade e desalinho que a Vila manteve até a década de 1740, quando reformas urbanas de maior peso lhe deram feição propriamente citadina, habilitando-a a receber o primeiro bispo da capitania e a se tornar cidade.

No final da década de 1720 a região já contava com muitas capelas e até boas igrejas, e o hábito da música integrava o cotidiano, constituindo o principal item nas despesas das Câmaras Municipais quando das festividades do Corpo de Deus, sem falar no patrocínio exercido pelas confrarias e irmandades. Com a urbanização, crescia a demanda por música e músicos. Em Vila Rica, junto às irmandades de São José, do Pilar e de Santo Antônio, atuava, por exemplo, o padre Antônio de Sousa Lobo, um dos nomes mais antigos da história musical de Minas. Entre 1715 e 1729, Santo Antônio gastava enormidades com seus músicos. Na Vila do Carmo, em 1729, era mestre de capela Francisco Xavier da Silva, que recebeu da Câmara 96 oitavas de ouro, ou 115$200 réis pelos serviços musicais proporcionados na festa do Corpo de Deus e na da Senhora do Carmo: o dobro do que recebia por mês um tenente de milícia. No início da década de 1740, a pedido do organista frei Caetano de Santa Rosa, chegavam do Rio partituras de Palestrina, Scarlatti, Lully, Rameau, Frescobaldi e Monteverdi. Com a criação do bispado e a promoção da vila a cidade de Mariana, a vida musical se sofisticou ainda mais, contando com um mestre de capela, um organista, quatro meninos cantores, chantre, subchantre e acólitos. A partir de 1735, Mariana ostentou um magnífico órgão construído em Hamburgo por Arp Schnitger, presente do rei de Portugal à sede do jovem bispado.

Nas festas públicas, muito frequentes inclusive por causa do grande número de irmandades e ordens terceiras, o aspecto religioso e o profano se misturavam. No tempo anterior à chegada do primeiro bispo, d. frei Manuel da Cruz, as autoridades eclesiásticas vindas do Rio de Janeiro registraram a "muita profanidade e indecência" que impregnava as músicas cantadas nas festividades de igreja, "tanto na letra como na solfa". A música ecoava a complexidade cultural das próprias festas. Entre 1720 e 1750, as duas únicas patrocinadas pela Câmara Municipal de Vila Rica foram a de são Sebastião e a do Corpo de Deus; nos fins da década de 1740, contudo, já se iam firmando as festas de santa Isabel e a do anjo Custódio do Reino. Todas eram marcadas por dois grandes momentos: um mais solene, que se desenrolava dentro das igrejas, com missa, sermão, incenso, velas; outro, externo e espetacular, transbordava para o espaço aberto, dominado pela procissão com seus santos e seus colossos, entre os quais a representação popular de são Cristóvão, santo agigantado que os escravos negros carregavam pelas ruas.

As duas grandes festas barrocas acontecidas naquele tempo, em 1733 e em 1748, sintetizaram admiravelmente essa mistura do sagrado com o profano, comum na época e bastante peculiar às Minas durante todo o século XVIII. O menino Cláudio deve ter assistido à primeira festa, a do Triunfo Eucarístico, quando, em fins de maio, o Santíssimo Sacramento foi pomposamente transportado da Igreja do Rosário dos Pretos para a recém-terminada Matriz de Nossa Senhora do Pilar, magnífica na sua talha dourada. Deve ter se extasiado com os arcos triunfais, as colchas adamascadas que pendiam das janelas, o cortejo de mouros e cristãos, o arcanjo são Miguel todo imponente "ornado de um capacete de prata com vistosíssimo penacho de plumas", os vários santos em seus andores estofados de novo em seda de cores várias e galões de ouro, os carros alegóricos com diferentes figuras, a simbolizar os planetas, as estrelas, a Lua, o Sol, os pontos cardeais, sem falar nas cavalhadas que se correram, nas touradas, nas comédias representadas num tablado junto à Igreja do Pilar.

A segunda festa, a do Áureo Trono Episcopal, feita em Mariana para receber o primeiro bispo, Cláudio certamente não viu: aconteceu em fins de novembro de 1748 e se estendeu pelo mês seguinte, época em que ele estudava no colégio jesuíta do Rio e estava prestes a zarpar para o Reino. Perdeu os préstitos que ostentavam índios e mulatinhos ora vestidos à europeia, ora carregando cocares de penas na cabeça, todos cobertos de diamantes — que então abundavam como nunca — e pedrarias. Não teve, sobretudo, a visão dos versos escritos que desfilaram em estandartes levados pelos participantes ou colados na estrutura dos carros mecânicos, nem pôde ouvir a recitação que se deitou junto às janelas do palácio episcopal assim que o prelado chegou ou que, dias depois, invadiu a academia de circunstância organizada nos salões de d. frei Manuel da Cruz.

Presente ou distante, Cláudio Manuel recebeu a influência da especialíssima tradição visual que marcou tão fundo a cultura mineira do Setecentos, impregnada de exagero e brilho, pródiga em arroubos verbais, presa à palavra escrita que, naquelas ocasiões, se ostentava em cartazes e emblemas. Um mundo que Afonso Ávila, notável estudioso do período, qualificou de residualmente barroco e predominantemente lúdico. Mas que comportava também a sujeira, a feiura, as expressões discrepantes e malvistas pelos poderes estabelecidos. Convivendo com a música, as festas, as missas, a poesia, havia os porcos e outros animais que fuçavam pelas ruas, devorando mais de um bebê enjeitado, exposto na porta de alguma casa pela mãe aflita, que assim esperava despertar a comiseração dos moradores. Século afora, a perambulação dos porcos nos arraiais e vilas da mineração desafiou os esforços ordenadores dos homens da Câmara e das autoridades da lei e do governo. Havia também festas e música de outro tipo, mais ásperas, os calundus e batuques praticados em casebres pelos escravos e negros livres, numerosíssimos. Alternavam-se e se complementavam, configurando o mundo da ordem e o da desordem, ou daquilo que as elites e o governo consideravam como tal.

Havia muito índio, alguns com fama de antropófagos, como os que se espalhavam a leste da terra natal de Cláudio, nos campos e matos situados entre o rio das Velhas e o Doce. Índios bravos como esses sem dúvida povoaram o universo mental do menino, apavorando-o nos pesadelos e talvez sendo subjugados por ele, de mentirinha, nas brincadeiras infantis. Já os mansos, de carne e osso, é quase certo que andassem pelo quintal de sua casa, catando lenha, carregando água, buscando no pastinho o cavalo para montaria. Nos sonhos ou esquivando-se por entre a paisagem, ora fantásticas, ora reais eram ainda as índias, de pele lisa e "cabelo corredio", conforme consta dos documentos da época.

Vindos da África e de outras partes da Colônia, os escravos negros começaram a chegar entre o final do século XVII, na época dos primeiros achados de ouro, e o início do século XVIII. Por volta de 1715, muitos já se revoltavam, tramando levantes contra os senhores, aquilombando-se, ameaçando a ordem estabelecida, ao passo que outros tantos se ligavam aos brancos por laços de natureza diferente, sujeitando-se compassivamente ou tecendo vínculos afetivos e amorosos. A escravidão foi talvez o elemento mais importante da sociedade surgida nas Minas: sociedade conflituosa, tensa, complexa e mestiça desde o nascedouro. A cada década, o contingente de negros cativos aumentava, e os brancos iam se sentindo mais e mais reféns daquela multidão de "etíopes bárbaros", como os qualificavam vários dos documentos de então. Sem eles, não era possível realizar os trabalhos de minerar e extrair pedras. Com eles, o perigo dos levantes ia num crescendo irreversível e avassalador. Em 1742, os escravos de Minas somavam 186 868, enquanto os homens livres — brancos ou não — andava por volta de 80 mil. Os forros compunham outro contingente humano numerosíssimo: aliada ao tipo de trabalho desenvolvido nas Minas, a urbanização mais intensa parece ter facilitado ali a compra da liberdade por parte dos cativos, admitindo-se até seu pagamento parcelado, em quatro ou seis vezes, chamado de *quartação*. Se entre a escravaria os homens constituíam o maior número, na população forra as mulheres dominavam, à frente de famílias sem progenitor — ou *matrifocais* —, vendendo doce e cachaça para os que trabalhavam nas lavras, onde muitas delas também faiscavam por conta própria.

O padrão de posse de escravos em Minas não era alto, a média ficando entre os quatro ou cinco por proprietário. João Gonçalves da Costa discrepava desse perfil mais comum: quando morreu, no início da década de 1750, seu plantel compreendia 31 cativos, dos quais pouco mais da quarta parte era doente, uns com papo, outros lesos, alguns aleijados depois de anos de trabalho extenuante. Pela idade considerável de vários, parece que comprou o maior número quando se estabeleceu na Vargem: com o nascimento dos filhos e os gastos advindos de sua educação, não sobrava muito para repor a escravaria, que representava a maior parte da riqueza familiar, atingindo o valor de

2167 oitavas de ouro, ou cerca de 2:600$400 réis (dois contos, seiscentos mil e quatrocentos réis). Talvez por isso tivesse optado pela reposição interna da força de trabalho: quatro eram as famílias escravas arroladas no seu inventário, uma das quais com quatro filhos entre a adolescência e a primeira infância. Esse meio social tão variado do ponto de vista étnico e cultural marcou de modo indelével a memória do menino que, anos depois, atravessaria o oceano para estudar e se exercitar na língua mais culta e regrada que se falava no Reino. Dentro dele persistiria, até o fim da vida, nos sentimentos, nos costumes e nos escritos, a dolorosa divisão entre dois mundos, em quase tudo irreconciliáveis: o mundo rude dos sertões e o mundo mais polido das vilas e cidades; o mundo acanhado das colônias ultramarinas e o mundo mais culto dos centros urbanos do Reino:

> *Leia a posteridade, ó pátrio Rio,*
> *Em meus versos teu nome celebrado,*
> *Porque vejas uma hora despertado*
> *O sono vil do esquecimento frio:*

> *Não vês nas tuas margens o sombrio,*
> *Fresco assento de um álamo copado;*
> *Não vês Ninfa cantar, pastar o gado,*
> *Na tarde clara do calmoso estio.*

> *Turvo, banhando as pálidas areias,*
> *Nas porções do riquíssimo tesouro*
> *O vasto campo da ambição recreias.*

> *Que de seus raios, o Planeta louro,*
> *Enriquecendo o influxo em tuas veias,*
> *Quanto em chama fecundas, brota em ouro.*
> (SONETO II)

4. A casa e a primeira formação

Iniciado anos depois, em 1751, o inventário de João Gonçalves da Costa abre uma janela a partir da qual se pode observar essa vida cortada por contradições, pelo menos ante os olhos do pesquisador que escreve no início do século XXI. A família tinha apenas um bem de raiz, o sítio do Fundão, situado no lugar do Itacolomi, na freguesia da Vargem, junto ao rio Gualaxo do Sul. O Gualaxo do Norte e o do Sul faziam parte da bacia do rio Doce, tendo atraído muita gente para suas imediações devido à imensa riqueza aurífera que apresentaram nos primeiros tempos. O sítio não era grande para a época: trinta alqueires ao todo, com capoeiras e restingas de mata virgem, plantações, terras minerais. Ali, numa casa de sobrado, nasceram os filhos de João e Teresa: casa que talvez nem tivesse dois andares, como os sobrados de hoje, mas cômodos que *sobravam*, e que tanto podiam estar acima do andar térreo — como um sótão — ou abaixo dele — um porão —, servindo para guardar coisas mais difíceis de organizar no espaço da convivência. A propriedade tinha paiol, onde se estocavam os grãos para os escravos e os animais — havia quatrocentos alqueires de milho quando morreu o velho João Gonçalves —, engenho de pilão para socá-los, "roda de mandioca e moinho corrente e moente" para a farinha do consumo diário. Vivenda, benfeitorias, tudo quanto dizia respeito ao mundo do senhor era coberto de telhas, em contraste flagrante com as senzalas de capim onde viviam os escravos, e onde devia ficar o "tronco com dez buracos de pescoço" avaliado em três oitavas de ouro, ou 3$600 réis.

O Fundão era local de trabalho, fosse pela lavoura, fosse pela mineração. No rio havia serviço de roda, caixão, rosário e bicas para desviar a água. Nas construções, onde se guardavam as ferramentas, encontravam-se marretas grandes e pequenas, muitas cavadeiras, brocas, cunhas de ferro, dois socadores, dez foices, vinte enxadas, quatro machados, outras tantas alavancas, nove almocafres. Os animais eram poucos, destinados aos usos internos: um cavalo alazão para as idas e vindas à cidade; duas vacas castanhas com suas crias, necessárias para o leite, quando muito para algum queijo; duas vitelas, reservadas para, um dia, substituir as vacas leiteiras ou virar alimento para os dias especiais; dez porcos, sustento principal daquelas populações.

As terras valiam 1600 oitavas, ou cerca de 1:920$000 réis, soma que não alcançava a da escravaria nem que a ela se juntassem as ferramentas, o milho e os animais. João Gonçalves era compadre de um contratador graúdo, o velho João Fernandes, padrinho de Cláudio Manuel, pai de João Fernandes de Oliveira — uma das maiores fortunas do império português na segunda metade do século — e futuro sogro de Chica da Silva. Por essa via, talvez tivesse alguma relação com o mundo dos contratos, que então começava a se delinear melhor, ou até com o comércio ilícito de diamantes, já que o compadre e seu filho acabaram por concentrar seus negócios no arraial do Tejuco, hoje Diamantina. Dos débitos e créditos de João

Gonçalves nada se sabe por meio do inventário: com base nos seus haveres, o perfil delineado é o de um minerador escravista típico, abastado sem contudo ter fortuna, vivendo com alguma ostentação, a necessária aos que aspiravam distinguir-se socialmente em terra nova, povoada por arrivistas. Mas sem excessos.

Para o cavalo, quando saía, o casal tinha duas selas com estribos de ferro. A roupa não era muita: meia dúzia de camisas de bretanha — como então se designava um linho vindo da Inglaterra —, um chapéu coberto de veludo e adornado por rendas de prata, enfeite encontrado também numa capona cor de café; entre os trajes constavam ainda outra capona, azul-ferrete e bordada de tafetá, um manto novo, dois pares de meias, uma ceroula, um lenço para o rapé, um traje masculino completo, todo preto, de uma lã inglesa conhecida como lemiste e com apliques de veludo, duas saias, uma de veludo preto, outra de um tecido cor de ouro. Para os dias especiais, destacava-se uma ou outra vestimenta mais cara, avaliada em doze ou até em quinze oitavas de ouro: um capote de pano branco enfeitado com galões de ouro, uma casaquinha à castelhana de veludo cor de café, com botões e casas de fio de ouro, um costume feminino completo para montaria, todo escuro e com alamares. As joias não eram muitas, mas tinham valor e serviam à ostentação necessária: uma cruz de ouro e diamantes, bastante valiosa, dois cordões de ouro pesado, um par de brincos também de ouro e diamantes, com pingentes, um fio de contas de ouro, duas fivelas de prata, uns enfeitezinhos para o pescoço, e só. Cláudio Manuel, quando advogado e poeta conhecido, teria guarda-roupa mais bem provido.

Para assustar vizinho belicoso, salteador dos caminhos, escravo fugido ou *alevantado*, havia na casa uma espingarda inglesa comprida, uma outra portuguesa, um par de pistolas muito usadas e até um espadim de prata, se bem que este, na época, servia mais para pavonear honra e estima nas ruas que para ferir alguém. E o recheio da casa não era de monta a despertar cobiça. Para as refeições e o preparo dos alimentos, havia duas mesas grandes com gavetas, fechaduras e chaves, às quais se devia sentar utilizando os dois bancos de madeira clara e feitura mais tosca que mediam, como elas, seis palmos de longo. Não existe menção a sofás, raríssimos na época, a sua função cabendo, provavelmente, a um banco de encosto referido sem mais detalhes, a dois bancos "rasos" e ainda aos seis mochos, que eram banquetas mais rústicas, feitas de madeira torneada e assento de couro. Para dormir, seis catres "de pau branco toscos" e um mais valioso, torneado em jacarandá vermelho, onde devia se deitar o casal. Os pertences — que não eram muitos mas não discrepavam da vida material própria às camadas médias naquela época e lugar — se acomodavam num armário alto e largo, com portas, ou nas caixas, caixinhas e baús dotados de fechaduras e chaves, imprescindíveis numa sociedade escravista, na qual o negro doméstico privava permanentemente da intimidade do senhor. Guardavam-se os mantimentos num enorme caixão de madeira, medindo catorze palmos de comprido. Para os líquidos — seriam essências, bebidas ou elixires? — havia uma frasqueira com dez frascos. E para rezar, um pequeno oratório com apenas quatro imagens, que revelam as devoções da família: santo Antônio, Nossa Senhora da Conceição, o Senhor Crucificado e santa Ana, a que ensinou as primeiras letras à Virgem, como, muito provavelmente, Teresa fazia com seus filhos.

O enxoval também não era digno de grande nota: meia dúzia de lençóis e fronhas de linho, outros tantos de bretanha, uns de casal, outros de solteiro. A referência a cinco toalhas de mão revela talvez algum requinte, um indício de costumes mais polidos. Já para as refeições só se mencionam duas toalhas de mesa com seis guardanapos cada — uma para o uso diário, outra evidentemente mais fina, "de Guimarães", os guardanapos com "marca grande". Cobertores, só dois, o que não deixa de ser intrigante num clima frio como o das Minas.

Não havia uma peça sequer em louça: a baixela era toda de estanho, dezoito pratos grandes e quinze pequenos. Os poucos talheres eram de prata: cinco colheres e sete garfos, estes a sugerir, mais uma vez, hábitos um tanto refinados, já que os mais rústicos não usavam senão a faca e a colher. De cobre era o serviço de cozinha, cinco tachos de tamanhos variados, quatro bacias, uma frigideira, um caldeirãozinho, um forno para torrar farinha. Os demais objetos eram um candeeiro de latão de quatro lumes, uma balança para pesar ouro, uma cuia de coco com cabo comprido.

A simplicidade da vida material dos cônjuges contrasta vivamente com o fato de terem enviado cinco filhos — todos os homens que nasceram — para estudar em Coimbra. Não eram ricos: seus bens não ultrapassariam os sete contos de réis, na melhor das hipóteses. Talvez tivessem conseguido realizar tal proeza porque poupavam o que podiam com vistas à educação da prole, acreditando assim garantir-lhes melhor posição social, o que não condiz muito com os hábitos da época e do lugar. Ou Teresa Alvarenga e João Gonçalves constituiriam, nesse caso, exceção naquele meio rústico e inculto, ou sabemos ainda muito pouco sobre os sonhos e as aspirações dos primeiros habitantes das Minas, talvez mais permeáveis aos apelos da cultura do que se tem imaginado.

Todas as evidências até agora invocadas sugerem, de qualquer maneira, que o casal prezava o conhecimento. Muitos estudiosos afirmam que Cláudio aprendeu a ler e a escrever no ambiente doméstico. Só bem depois, no início da década de 1770, o futuro marquês de Pombal criaria o sistema público de primeiras letras, pago com o imposto do subsídio literário. Minas seria justamente uma das regiões a receber número mais significativo de mestres destinados a esse fim,

40

mas então Cláudio já advogava e era bem conhecido, tanto na capitania como fora dela. Na primeira infância, se Teresa Ribeiro de Alvarenga o ensinou a desenhar o alfabeto, a educação mais formal a recebeu, conforme ele mesmo relatou já maduro, do trinitário Francisco Vieira de Jesus Maria, seu tio.

Frei Francisco era um homem culto. Pregava em Vila Rica e devia ser bom no púlpito, impressionando o menino Cláudio com a eloquência e as imagens religiosas. Em pelo menos duas ocasiões, 1744 e 1746, recebeu da Câmara o pagamento de vinte oitavas de ouro — 30$000 réis— pelos sermões proferidos nas festividades de são Sebastião, ocorridas, no primeiro caso, na matriz de Antônio Dias e, no segundo caso, na do Pilar: quantia razoável, mas sem comparação com o que se pagou a muito músico na época. No final de 1758, quando o ex-pupilo era um dos vereadores da Câmara de Vila Rica, frei Francisco pregou na festa de são Francisco Borja e recebeu um pouco mais, 25 oitavas. O sobrinho continuava, com certeza, muito afeiçoado ao tio, que era procurador-geral da ordem da Santíssima Trindade nas capitanias de Minas, São Paulo e Rio de Janeiro, pedindo esmolas, ao longo da década de 1750, para construir um mosteiro.

Frei Francisco havia se formado em Cânones, e pode ter insistido com o cunhado João Gonçalves para que enviasse seus meninos a Coimbra, ciente de que, em terra de arrivistas, o conhecimento e o título de bacharel acrescentavam ao prestígio social alcançado com o dinheiro. Antes disso, entretanto, e depois da mãe e do tio trinitário, a terceira etapa na formação de Cláudio se cumpriu entre os jesuítas do Rio de Janeiro.

No ano em que veio ao mundo, funcionava em Paraopeba uma fábrica de moedas falsas, controlada por um certo Inácio Soares Ferreira e acobertada por d. Lourenço de Almeida, sempre ele, mestre em embaralhar as fronteiras entre o lícito e o ilícito. Paraobepa não ficava perto de Vila Rica, distando consideravelmente, portanto, do sítio da família Costa; boatos e notícias, contudo, corriam naquela época com velocidade maior da que se pode hoje imaginar. Em 1731, a trama foi descoberta e caiu a fábrica onde Inácio e seus comparsas fundiam barras de ouro perfeitas, um dos criminosos havendo trabalhado numa Casa da Moeda autêntica, no Rio de Janeiro. Como no caso dos diamantes, vinha a público, oficialmente, o que muitos já sabiam por correr à boca pequena.

Conivente com o extravio de diamantes, já que demorou a comunicar sua descoberta à Coroa, e no mínimo tolerante com a fabricação ilegal de barras de ouro, d. Lourenço de Almeida foi atacado por escritos jocosos e satíricos quando deixou o governo para o sucessor André de Melo e Castro, conde das Galveias, e regressou a Portugal. Além desses pasquins difamatórios, que o acusavam de venal e corrupto, circulando amplamente entre a população por meio de folhas manuscritas distribuídas de mão em mão ou afixadas nas paredes e muros, realizou-se um enterro simbólico do governante, celebrou-se missa em sufrágio de sua alma e se divulgou um diálogo imaginário em forma de testamento. Do púlpito, o visitador episcopal Manuel Freire Batalha teria qualificado o antigo governador de "Príncipe das Trevas", vendo no sucessor Galveias o verdadeiro "Príncipe da Luz".

Desde cedo Cláudio se familiarizou com essa cultura popular de protesto, a toada rústica e imperfeita dos versos difamatórios ressoando em sua cabeça, arranhando-lhe os ouvidos conforme sua sensibilidade estética se depurava no trato com a língua mais limada do além-mar. E muitos dos protestos que sacudiram as Minas durante o século XVIII se deveram ao sistema de tributação adotado pela Coroa portuguesa.

Procurando um ponto médio entre a necessidade de tributar o ouro adequadamente, reservando o quinto para os cofres reais, e o temor de que tais medidas exacerbassem os ânimos, o rei e seus homens ensaiaram diversas modalidades. Primeiro veio a cobrança por *bateias*, estabelecida em 1710 e segundo a qual cada indivíduo que minerasse (usando uma espécie de gamela, assim designada) pagaria uma taxa de dez oitavas, ou cerca de 17$000 réis. Tentou-se em seguida a cobrança por *fintas e avenças*, implementada em 1713, que fazia recair a cobrança anual sobre as *comarcas* — divisão administrativa e judiciária da capitania, naquela altura em número de três. Em seguida, após muitos estudos, resolveu-se pela *capitação e censo das indústrias*, posta em vigor em 1735 e suspensa em 1751: ela incidia sobre todo escravo empregado nas diferentes atividades econômicas da capitania e, ainda, sobre os ofícios, lojas, vendas e hospedarias, o proprietário dos cativos devendo pagar, por cabeça, dezessete gramas de ouro (equivalentes a quatro oitavas e três quartos). Em duas ocasiões — entre 1724 e 1735; de 1751 em diante, até o fim do período colonial —, e após várias tentativas frustradas por protestos, funcionaram as *casas de moeda e fundição*, cada comarca devendo ter a sua própria, onde o ouro era apresentado pelo minerador, que recebia um comprovante sobre o imposto pago ali, no ato da fundição do metal em barras, estas sendo, por sua vez, carimbadas com as armas reais e ostentando, assim, o símbolo da sua legalidade. A soma do ouro trazido às quatro casas de fundição deveria perfazer o total de cem arrobas: caso isso não acontecesse, a diferença deveria ser cobrada da população na forma de *derrama*.

Mais de uma vez sobrepuseram-se sistemas diferentes, num cipoal complicadíssimo e difícil de destrinçar. Um desses momentos tensos foi o ano de 1735, quando a Casa de Fundição da Vila de Nossa Senhora da Conceição do Ribeirão do Carmo tinha apenas um ano e, mais uma vez, a Coroa alterou a forma de cobrança, restabelecendo o imposto da capitação. Para implementar o novo sistema, o rei de Portugal mandou para Minas um funcionário instituído de funções especiais, o *comissário* Martinho de Mendonça de Pina e Proença. Ninguém gostou. Os protestos pipocaram capitania afora, e parte do longínquo sertão do São Francisco se insurgiu, uma das cabeças da sedição sendo uma virago lendária, dona Maria da Cruz.

Quanto aos diamantes, as ordens vindas do Reino também determinavam mudanças drásticas na década de 1730, quando Cláudio era ainda criança: cogitava-se que a exploração fosse feita por uma sociedade particular, os interessados devendo participar de um leilão em Lisboa e pagar adiantado pelo lance. João Fernandes de Oliveira, o padrinho de Cláudio, foi figura principal no primeiro *contrato* dos diamantes, associando-se a Francisco Ferreira da Silva, negociante cristão-novo. Deve datar de então — por volta de 1739 — sua partida para o Tejuco, deixando para trás a Fazenda da Vargem e os amigos da vizinhança, como Teresa e João Gonçalves da Costa.

Como o do ouro, o sistema de exploração dos diamantes mudaria ao longo dos anos: nos primeiros tempos, esteve a cargo de uma intendência, que distribuía as lavras a quem as quisesse explorar e tivesse meios para tal; em 1739, estabeleceu-se o sistema de contratos particulares, arrematados a cada quatro anos por um indivíduo ou uma sociedade; por fim, num processo de maior centralização administrativa, criou-se, em 1771, a Real Extração dos Diamantes, dirigida por um funcionário régio.

O sistema de contratos, que incidia sobre cargos e serviços, permitiu à Coroa portuguesa arrecadar suas receitas sem despender muito, transferindo a particulares a tarefa de receber os impostos e garantindo para os cofres régios um lucro antecipado. Mediante o pagamento de um valor estimado com base nos rendimentos ainda por vir, o contratador arrematava os contratos em hasta pública. Seu lucro residia, como observou Adriana Romeiro, na diferença entre a quantia arrecadada pelos direitos e o pagamento efetuado: era sob essa forma que se arrendavam tributos variados, como os dízimos, a extração do pau-brasil, a entrada nas Minas, a exploração dos diamantes.

João Fernandes pai e João Fernandes filho contariam entre os mais importantes contratadores da história do Império português. Sendo homônimos, para facilitar a identificação de cada um se estabeleceu designar o primeiro como "o sargento-mor" e o segundo como "o desembargador", pois se formou em Coimbra. Entre 1739 e 1771, o sargento-mor arrematou cinco dos seis contratos havidos, a única exceção caindo sobre o período que vai de 1748 a 1751, quando o sistema esteve sob a responsabilidade de Felisberto Caldeira Brant. Após ter se associado a diferentes homens de negócio, e passando a residir em Lisboa, o velho contratador teve, a partir da década de 1750, o filho como braço direito, estabelecido no Tejuco e tocando o negócio enquanto constituía, com Chica da Silva e a filharada que ia nascendo da união, uma das mais famosas famílias interétnicas dos tempos coloniais.

Se a cultura ótica do barroco residual e a violência do escravismo lhe formaram a sensibilidade mais funda, o contrabando, os pasquins sediciosos, a discussão acerba sobre a tributação do ouro ou ainda sobre o modo de se explorar diamantes marcaram a cultura política do mundo no qual Cláudio cresceu, constituindo, por certo, o alvo de muitas das preocupações de sua vida adulta.

Rios, pedras, montanhas foram figuras constantes na poesia que começou a compor, ainda mocinho, segundo ele mesmo registrou, no colégio dos jesuítas no Rio de Janeiro. Não porque fossem apenas figuras obrigatórias da poesia arcádica, como disse boa parte da crítica, mas porque compunham a paisagem afetiva do poeta — que nasceu no sopé do Itacolomi — e constituíam os elementos físicos dos quais se extraía ouro:

Correi de leite, e mel, ó pátrios rios,
E abri dos seios o metal guardado;
Os borbotões de prata, e de oiro os fios
Saiam do Luso a enriquecer o estado;
Intratáveis penedos, montes frios,
Deixai ver as entranhas, onde o Fado
Reserva pela mão do Herói mais nobre
Dar ao mundo os tesoiros que inda encobre.
("CANTO HEROICO AO ILMO. E EXMO SR.
D. ANTÔNIO DE NORONHA", *POESIAS MANUSCRITAS*)

Por razões óbvias, como bom vassalo português que foi, durante a maior parte de sua vida, Cláudio nunca se confessou contrabandista e sedicioso. Mas quando, adolescente ou quase, deixou as Minas para estudar no Rio de Janeiro, ia impregnado das tensões próprias a uma sociedade escravista e desigual, ao mesmo tempo acanhada e opulenta; dos contrastes típicos de uma região longínqua, perdida nos confins do Império, mas ao mesmo tempo cada vez mais central nas preocupações dos administradores que viviam na Corte, e dia a dia mais importante para as finanças do rei.

5. Mineiro no Rio

Segundo consta do único depoimento no qual tratou da sua vida, mesmo que em largos traços, Cláudio deixou Minas e o aconchego doméstico por volta dos "catorze ou quinze anos", a fim de estudar com os jesuítas no colégio do Rio de Janeiro: etapa obrigatória para os que, depois, seguiriam os cursos em Coimbra. Como nasceu em 5 de junho de 1729, a viagem teria ocorrido entre o segundo semestre de 1744 e o primeiro de 1745. Há porém uma evidência, surgida em pesquisa recente feita por Leandro Catão, que embaralha as datas e sugere engano do poeta nas contas feitas sobre a idade que tinha quando viajou para o Rio.

Muitos anos depois, em 1768, prenderiam nas Minas um jesuíta chamado Cristóvão César Consentino, suspeito de subversão antipombalina. A Companhia de Jesus havia sido extinta dez anos antes em Portugal e seus domínios, provocando protestos e sublevações por todo o Império, inclusive nas Minas, e de modo bastante enfático. Consentino foi preso nesse contexto, quando vagava pelos sertões junto com outros da mesma ordem, e enviado ao Rio de Janeiro. Uma das testemunhas que invocou para dar notícia de sua pessoa e confirmar seu depoimento foi "o doutor Cláudio Manuel da Costa", bem como seus irmãos. Convocado a depor, Cláudio afirmou conhecer muito bem o padre Consentino "por ter sido seu mestre de latim nessa Vila no ano de 1746 e 1747". Se o depoimento é fidedigno, o jovem teria permanecido no Rio menos tempo do que sempre se pensou, e deve-se incluir entre seus primeiros mestres também esse jesuíta inquieto e dado à contestação: padre pertencente à mesma ordem com a qual prosseguiria os estudos no Rio, acostumado com o método dos "batinas negras", bom latinista e, assim, apto, mais que ninguém, talvez, em Vila Rica ou Mariana, a prepará-lo para a nova fase de sua formação.

Entre os quinze e os dezoito anos, portanto, lá se foi Cláudio Manuel da Costa para o Rio de Janeiro. Talvez o tio frade, Francisco Vieira, o tenha levado até os padres inacianos, pois pedia esmolas para a construção de um mosteiro e, na década de 1750, aparece como procurador da ordem da Santíssima Trindade nas capitanias de Minas, São Paulo e Rio de Janeiro. Se já o era na época da viagem não se sabe, mas de qualquer modo as duas atribuições certamente requeriam que andasse para cima e para baixo, palmilhando os caminhos que uniam essas regiões. Talvez Cláudio tenha viajado com o pai, ou, mais provavelmente, sozinho, em lombo de mula, integrado à tropa de algum comerciante conhecido da família.

Mais de vinte anos passados, quando terminou o poema épico "Vila Rica", emprestou ao gênio Filoponte, que teria entrado nas Minas com o descobridor Antônio Rodrigues Arzão, o impacto causado pela viagem sobre sua imaginação adolescente:

...está diante
Uma extensão larguíssima de montes,
Que cortam vários rios, lagos, fontes;
Densos matos a cobrem, veem-se as serras
De escabrosos rochedos novas guerras
Tentar, buscando os Céus, como tentara
Briaréu, quando aos Deuses escalara

Por causa das chuvas, que fustigam a região Sudeste de novembro a março, Cláudio deve ter descido o Caminho Novo entre junho e outubro, ou, menos presumivelmente, entre abril e maio. Foi a primeira viagem longa que empreendeu durante a vida, deixando para trás as terras montanhosas da zona mineradora, cruzando os campos de vegetação mais rala que antecedem a então densíssima mata atlântica e, já vencida a escarpa abrupta da serra do Mar, atingindo o recôncavo da Guanabara. Adolescente, Cláudio viu o mar pela primeira vez.

Os habitantes de Minas, como os de toda região interior, vivem imaginando a feição do mar, das ondas, da praia. Pode ser que Cláudio tenha se extasiado com a paisagem surpreendente do Rio, mas disso não ficaram rastros na poesia que começou a escrever logo depois: pela vida afora, foi um poeta da montanha, do despenhadeiro, dos pequenos cursos d'água, nunca do mar e sua imensidão; mais afeito aos espaços exíguos e delimitados que aos horizontes a perder de vista. E água, para ele, seria sempre a aguazinha mais comedida da Arcádia, a dos rios e regatos.

A única alusão feita por Cláudio a essa época da vida permite saber que "passou a estudar Filosofia na Companhia do Rio de Janeiro". Suas aulas possivelmente incluíam matemática, geometria e astronomia, matérias nas quais os padres eram muito versados e, a se levar em conta a habilidade demonstrada anos depois, em fazer uma carta topográfica, seriam familiares também para ele. De qualquer modo, aquela foi uma época tristonha, longe dos pais e dos irmãos, longe dos arraiais mineiros onde a cidade e o campo se interpenetravam com intensidade muito maior que nos centros urbanos antigos da faixa litorânea, como era o caso do Rio. Da mãe-mestra ao irrequieto padre Consentino, passando pelo tio frade que vez ou outra ele via pregar no púlpito, a educação de Cláudio ia se tornando cada vez menos doméstica e mais religiosa, então sob a disciplina severa e as regras rígidas dos jesuítas.

Fora dos muros do colégio, o Rio de Janeiro conhecia transformações decisivas sob a gestão de Gomes Freire de Andrade, que na época também governava Minas e mais toda a porção sul da América portuguesa. Cláudio por certo acompanhou as edificações erguidas em ritmo rápido, como o próprio Palácio dos Governadores. Foi Gomes Freire quem resolveu, no início da década de 1740, ir transformando aos poucos um conjunto de casas geminadas que antes haviam servido de Casa dos Contos, da Moeda, e abrigado ainda os Armazéns Reais. Para isso chamou o engenheiro militar José Fernandes Pinto Alpoim e pediu que riscasse a planta daquela que, uma vez pronta, seria sua residência e, depois de 1763, a dos vice-reis. Quando o jovem Cláudio chegou ao Rio, o Palácio contava dois andares, aberto sobre o mar e sobre o porto, e não é improvável que o rapaz já tivesse ouvido o nome do sargento-mor engenheiro: Alpoim ficaria ligado à administração de Gomes Freire também nas Minas, onde, na mesma época, ergueria em Vila Rica o Palácio dos Governadores que ali se encontra ainda hoje, "com seu ar de fortaleza, suas paredes de alvenaria [...] e suas vigias e guaritas", a lembrar, como disse Lúcia Machado de Almeida, "sentinelas alertas". Esse engenheiro militar foi também o reconstrutor do Aqueduto da Carioca, sempre sob o incentivo de Gomes Freire, e ainda inacabado na época em que Cláudio viveu no Rio.

Naquela época, os jesuítas eram amigos do governador: as relações azedariam de vez depois que ele participasse, na década de 1750, da dura campanha movida na fronteira sul contra os guaranis, que os padres traziam sujeitos a sua obra missionária. A formação jesuítica de Cláudio deve, portanto, ter influenciado na simpatia com relação a Gomes Freire, depois feito conde de Bobadela. A popularidade do governador junto aos habitantes da cidade, então contando com umas 25 mil almas ou até um pouco mais, também influiria. Para completar a boa disposição e até o fascínio de Cláudio por Gomes Freire, havia o laço entre este e o padrinho do rapaz, o velho João Fernandes de Oliveira: conforme Júnia Furtado, era corrente, em Minas e no Reino, que o já opulento comerciante era o testa de ferro do governador todo-poderoso nos negócios com diamantes. Não é improvável que o contratador recomendasse o afilhado a Gomes Freire, talvez até lhe enviando uma carta.

Anos depois, quando o conde morreu e Cláudio já era um homem bem situado, dedicou-lhe um bonito *epicédio*, tipo de poema usado desde a Antiguidade para celebrar as virtudes dos mortos:

> *Não te fez grande o Rei: a ti te deves*
> *A glória de ser grande; tu te atreves*
> *Somente a te exceder; outro ao Monarca*
> *Deva o título egrégio, que o demarca*
> *Entre os Grandes por Grande; em ti louvado*
> *Só pode ser o haver-te declarado.*

O colégio onde o rapazinho concluiu sua formação americana ficava no morro do Castelo, no fim da parte mais estreita da baía, que a partir dali se alarga. Confrontava, do outro lado, com o saco de São Francisco Xavier, onde os padres tinham uma das cinco fazendas existentes nas cercanias

— a sexta, mais distante, era a de Campos dos Goitacazes, conhecida também como Fazenda do Colégio. Talvez os alunos dos padres se deslocassem de vez em quando até lá; o mais provável é que, quando saíam, fossem até a Casa de Campo dos estudantes, situada em São Cristóvão, rodeada pelos manguezais, verdadeira menina dos olhos dos jesuítas, que os defendiam aguerridamente contra todos os que explorassem a vegetação de forma mais predatória: lenhadores, donos de curtumes, produtores de cal extraído da casca dos mariscos, carvoeiros, catadores de caranguejos.

Se de fato só chegou ao Rio em meados de 1747, Cláudio perdeu a entrada triunfal do bispo d. Antônio do Desterro, ocorrida em 1º de janeiro daquele ano. Mas pode ser que desse uma ou outra escapadela para espiar os espetáculos exibidos na casa de ópera então existente num logradouro onde hoje se encontra a rua da Alfândega, conhecida como "Ópera dos Vivos" por utilizar pessoas de carne e osso nas apresentações. O mais comum, então, eram os espetáculos com marionetes em tamanho natural.

6. Coimbra

Em 1749, Cláudio deixou o morro do Castelo e embarcou para Lisboa. Apesar de faltarem evidências, deve ter permanecido por algum tempo na capital do Reino, que era, afinal, a *sua* capital, onde vivia o *seu* rei: Cláudio era um português da América, aliás nunca deixou de sê-lo, mesmo quando dilacerado pelos mais profundos conflitos de identidade cultural e política. Conflitos que devem ter começado a se intensificar ali, ante a constatação da pequenez e do acanhamento das vilas mineiras que fizeram seu rude berço. A Lisboa de então não era a que se conhece hoje, meticulosamente desenhada em quadriláteros após o terremoto de 1755, com a praça do Comércio a terminar no Tejo. Mas tinha igrejas magníficas, palácios, casas imponentes, como a do padrinho João Fernandes, que, vindo de Minas, se instalaria logo depois, em 1751, junto à Horta Seca, em frente à residência do conde de Vila Nova. Moças mais bem-lançadas e elegantes que as conhecidas até então, capazes de abalar as ralas convicções que o moço pudesse ter acerca de seus talentos para a vida eclesiástica. E a travessia oceânica era penosa, sobretudo quando feita, como no seu caso, pela primeira vez: cabia descansar um pouco antes de enfrentar a vida de estudante.

Certo e documentado é o ingresso de Cláudio Manuel da Costa na Universidade de Coimbra: 1º de outubro de 1749. Por ali já haviam passado dois irmãos seus, um dos quais morrendo quando estudante e longe de casa, e outros dois ainda passariam. No único documento que produziu sobre sua biografia, a 3 de novembro de 1759, o próprio poeta declara que quatro dos filhos de João Gonçalves da Costa cursaram aquela universidade. Na década de 1760 chegaria o último deles, José Antônio de Alvarenga Barros Freire.

Mesmo quando abastados, pouquíssimos teriam sido os mineradores a manter tantos filhos estudando fora. Não se sabe como João Gonçalves foi capaz dessa proeza, sobretudo naquela época: o número de rapazes mineiros cursando Coimbra aumentaria enormemente a partir da década de 1750, o que situa Cláudio num universo muito restrito tanto do ponto de vista cultural quanto social e econômico, pertencendo a uma verdadeira elite, a nata da sociedade mineira, então ainda meio informe.

Talvez o padrinho contratador tenha ajudado na manutenção de Cláudio. Uma vez formado, participando da vereança em Vila Rica e em Mariana, atuando como secretário de governadores e sendo considerado um ótimo advogado, não é descabido pensar que o próprio Cláudio ajudasse na educação dos irmãos menores. Ou talvez os rapazes tivessem conseguido se manter porque, destinados à vida religiosa, vivessem em conventos. Se isso é certo para dois deles — Antônio, o mais velho, que logo desaparece da documentação, e Francisco de Sales, o quarto filho, homem de certa projeção na corte de d. José I e de dona Maria —, é bastante nebuloso no caso do poeta. Existe uma referência vaga a ter sido ele noviço do mosteiro da Trindade no tempo em que cursava a Faculdade de Cânones: uma só. Quando escreveu um breve resumo sobre a própria vida, Cláudio não aludiu ao fato.

A estada em Coimbra marcou profunda e definitivamente o estudante "brasileiro". A universidade podia não contar entre as principais da Europa, mas era importante e, para o jovenzinho do Ribeirão do Carmo, representava uma incrível abertura de horizontes, sem falar no forte simbolismo que a impregnava, sob os mais variados aspectos. Remontava ao final do século XIII, formara gerações de homens de letras e, ainda no século XVIII, tinha entre os *letrados* a sua principal clientela, de pai para filho. No século XVIII, apenas quinze por cento dos estudantes eram filhos de lavradores, categoria na qual, certamente, Cláudio se achava incluído, dado ser insignificante, no âmbito do Império português, o número dos vassalos que trabalhavam com a mineração. Se havia, como em todas as universidades europeias, estudantes pobres e semivagabundos, a grande maioria era composta de rapazes abastados, originários das camadas superiores da população. Minas Gerais era uma das mais novas capitanias da parte portuguesa do Novo Mundo, suas vilas eram canteiros de obras, as capelinhas de pau a pique ganhando aos poucos umbrais de pedra-sabão e altares de talha dourada ao mesmo tempo que os mascates e tropeiros da véspera construíam casas assobradadas e ingressavam nas irmandades mais prestigiosas. Cláudio saíra de um espaço no qual as tradições iam sendo inventadas no dia a dia para ingressar num outro, composto por camadas e camadas de tradição, marcado por rituais seculares e normas bem estabelecidas.

No ato da matrícula, no dia 1º de outubro de 1749, teve, como todo estudante, de se apresentar vestido com a roupeta e o mantéu, escuros e longos, e trazer o barrete de praxe: se na idade madura seu guarda-roupa contou mais de uma cabeleira empoada, os tempos de Coimbra foram tempos de cabeça raspada, ou de cabelo muito curto, pois assim determinava o estatuto. Roupas de seda, nem pensar, e animais de sela só em condições especiais, mediante licenças que significavam grande privilégio. Para morar, ainda solitário e sem conhecidos, arranjou-se num quarto de primeiro andar ou de sótão, especialmente alugado para os estudantes no Bairro Alto e na Almedina. Depois, deve ter dividido alguma casa pequena com um ou mais companheiros, que morar sozinho era só para os muito ricos. Se tivesse sorte, conseguiria se alojar num dos colégios da universidade. Se tivesse azar, estaria condenado a ficar mudando de moradia, itinerante como boa parte da população estudantil, carregando de um lugar para outro a livralhada que eram obrigados a comprar para poder assistir aos cursos — no seu caso, de Cânones —, em geral volumes grossos, pesados e de formato grande: a Bíblia, a *Suma teológica* de santo Tomás de Aquino, as *Sentenças* de Pedro Lombardo, os escritos de João Escoto, de Durando, de Gabriel Biel. No fim da vida, quando lhe sequestraram os bens, o poeta e advogado Cláudio Manuel da Costa guardava entre seus quase trezentos volumes vários títulos de Direito Canônico, alguns, sem dúvida, adquiridos quando vivia em Coimbra e os funcionários da universidade podiam, a qualquer momento, entrar de supetão na casa dos estudantes a fim de verificar se possuíam os livros necessários.

Muitos anos depois, um documento atesta que, naqueles anos, Cláudio viveu nas freguesias de São Pedro e de São Cristóvão do bispado de Coimbra, sem contudo nada especificar sobre ruas ou moradias.

Apesar dos costumes mais rotineiros e das normas bem estabelecidas, a vida em Coimbra, antes das reformas de 1772, comportava margem larga de liberdade. Previam-se seis horas de aulas por dia, e teoricamente os alunos não podiam faltar.

Mas faltavam: uma vez feita a matrícula, muitos voltavam para as cidades e lugares de origem, reaparecendo no fim de maio para prestar os exames em junho e julho. No segundo quartel do século XVIII, ao fim do qual Cláudio chegou a Coimbra, o problema do não comparecimento às aulas era acentuadíssimo, e as autoridades universitárias fechavam os olhos ante a situação porque, caso todos os matriculados decidissem frequentar assiduamente os cursos, não haveria sala que chegasse. Além disso, eram vários os períodos habituais de descanso: durante a semana, os domingos e as quintas-feiras; no verão, as férias de agosto e setembro; ao longo do ano, as festividades religiosas de costume, as principais sendo as do Natal e da Páscoa.

Em tais ocasiões, Cláudio podia trocar as margens do Mondego pelas do Tejo, na casa do padrinho. Em Lisboa, teria acesso aos livros e folhetos que se vendiam em lojas como a de João Henriques, aonde se chegava "vindo do Terreiro do Paço, à esquerda da rua Augusta". Ali encontravam-se tragédias, como *Zaíra, Dona Inês de Castro, Morte de César,* ou comédias, entre as quais se anunciava, em folha volante da época, um *Artaxerxes* que bem pode ser o que Cláudio traduziu depois, e ainda *Frederico II,* personagem que citaria em mais de um poema como exemplo de herói civilizador. No estabelecimento de João Henriques achava-se ainda *Latino na Cítia,* que certamente atenderia ao gosto de Cláudio pelos assuntos clássicos, e *Quando a mulher se não guarda, guardá-la não pode ser,* panfleto picante destinado, como tantos da época, a reforçar os sentimentos masculinos de superioridade e, mais ainda, a justificar o domínio dos homens sobre as mulheres, seres misteriosos, inconstantes, movediços, imprevisíveis e até traiçoeiros.

Por mais sério e compenetrado que fosse o jovem poeta, as férias eram também ocasião para o descanso, para se aventurar em viagens com os amigos, muitos, como ele, na faixa que ia dos dezoito aos 25 anos. Senão era deixar-se ficar em Coimbra, integrando o minguado contingente que correspondia a um terço do conjunto estudantil a residir na cidade, distraindo-se com as moças de vida fácil, com as conversas de botequim, onde se tomava chá, chocolate, café, e onde certamente adquiriu o hábito do tabaco, que o acompanhou até morrer.

Com base na fama de homem erudito e requintado que, nos anos seguintes, alcançou tanto em Minas como em outras capitanias da América, o jovem estudante da Vila do Carmo deve ter seguido os cursos pouco atraentes com a seriedade e o empenho possíveis naquelas circunstâncias, suportando as aulas que se arrastavam sobre comentários exaustivos de textos canônicos para, depois, memorizá-los e declamá-los de cor, enfrentando as disputas orais, defendendo, ao fim de cada curso, as "conclusões" meticulosamente preparadas ao longo de quinze ou vinte dias de empenho. E a biblioteca achava-se ali, ao alcance da mão; se podia parecer quase insignificante quando confrontada à de universidades como Salamanca, Bolonha, Paris ou Lovaina, estava, desde 1728, acomodada numa casa nova, financiada pelos excedentes das rendas da universidade, capaz, portanto, de receber os exemplares recém-comprados pelo reitor, o agostiniano d. Francisco da Anunciação.

Apesar de inexistir qualquer evidência documental sobre outros interesses de Cláudio na época, bem como outros cursos que possa ter seguido, ou ainda sobre círculos intelectuais não literários que tenha eventualmente frequentado, alguns aspectos da trajetória posterior do poeta sugerem que ele não permaneceu alheio ao influxo mais voltado para as ciências exatas que, após a publicação do *Verdadeiro método de estudar*, de Verney, em 1746, abalou o ensino dominante e abriu horizontes reformadores em Portugal. Mesmo porque, até o terceiro quartel do século, o homem de letras e o de ciências se confundiam, e em Paris, por exemplo, D'Alembert, matemático e filósofo, desempenharia ambos os papéis, controlando tanto as atividades da Academia Francesa quanto as da Academia de Ciências.

Em 1751, quando Cláudio estava bem no meio de sua formação universitária, d. José I publicou uma resolução referente a essas novas perspectivas científicas e filosóficas, que deveria atingir o Colégio das Artes. E havia ainda outro aspecto a atrair um estudante curioso para domínios variados: a filosofia portuguesa mostrou-se marcada, até a implementação das reformas pombalinas — que só se viabilizariam de fato na década de 1770 — por um considerável ecletismo. As matemáticas, por exemplo, despertavam interesse cada vez maior desde o início do século XVIII; se não chegaram, no tempo de Cláudio, a atingir os cursos universitários, as obras sobre o assunto se sucediam — a *Recreação filosófica*, do oratoriano Teodoro de Almeida, foi publicada em Lisboa em 1751, e entre 1754 e 56, o *Compêndio dos elementos de matemática*, de Inácio Monteiro — e é bem provável que houvesse, em Coimbra e Lisboa, círculos de estudiosos do assunto. Em 1758, quando já vereador em Vila Rica, o poeta receberia pagamento por ter apresentado uma carta topográfica daquela região: trabalho difícil, que requeria conhecimento específico. Ou adquiriu-o na volta às Minas, o que parece pouco plausível — o militar e cartógrafo José Joaquim da Rocha, com quem conviveu anos depois e poderia tê-lo influenciado, só chegou à capitania na metade da década de 1760 — ou já veio do Reino com os conhecimentos minimamente necessários para realizar tal empreitada.

Entretanto, os cursos e os estudos esparsos não o absorveram totalmente. Mais que as eventuais farras de estudantes, mais que as perambulações pelo território acolhedor e pequenino do Reino, mais que as preocupações religiosas — afinal, desde menino andara entre jesuítas e, então, por conta do curso de Cânones, vivia às voltas com as Escrituras e os doutores da Igreja —, a obsessão coimbrã de Cláudio foram os versos. Num ambiente pouco afeito a inovações — frei Anunciação era refratário a elas e defensor, como ajuizou um contemporâneo, de um sistema "sério e devoto" —, a imaginação criadora tomou a dianteira com relação ao espírito crítico, e Cláudio se entregou às Musas.

Em Coimbra, os jovens estudantes se dedicavam a diferentes modalidades de poesia, sendo muito populares, desde 1746, as sátiras à vida universitária, entre as quais os poemas chamados *macarrônicos*, que misturavam o português com um latim meio estropiado e ainda expressões em outras línguas. Cláudio seguiu o caminho sério, e ali compôs muitos versos, dando vazão a um talento que já praticava havia tempo. Nos apontamentos biográficos redigidos anos depois, em novembro de 1759, registraria que foi "aplicado desde os primeiros anos ao estudo das Belas-Letras". Como sua primeira obra impressa data de 1749, deve ter composto versos ainda nos tempos do colégio jesuítico do Rio de Janeiro, ou mesmo antes, entre uma e outra aula de latim do padre Consentino, ou, quem sabe, entre as tropelias no sítio da Vargem e as festas da Vila do Carmo, quando não contava sequer catorze anos.

A se acreditar pois no seu próprio testemunho, Cláudio seguiria poeta durante cerca de meio século. Caderninhos manuscritos como os que, no fim da sua vida, foram sequestrados pelos agentes reais em Vila Rica desceram a serra da Mantiqueira, depois a do Mar, estagiaram no morro do Castelo, cruzaram o Atlântico e descansaram em Coimbra, onde Cláudio começou de fato a ser poeta e ourives da palavra, entregando-se, e daí para sempre, à obsessão com a *lima* dos versos, reescrevendo-os e os emendando vezes sem conta.

Foi ali, com certeza, que seus versos passaram a correr, primeiro na forma de manuscritos, e a serem lidos e admirados. Em Coimbra havia também rapazes inteligentes e brilhantes como ele, ou pelo menos curiosos e inquietos, com os quais travou relações que, vida afora, foram de boa serventia. Um ano antes dele, em 1748, inscreveu-se em Cânones um jovem português com o qual ainda conviveria por muitos anos: José João Teixeira Coelho, depois desembargador da Relação do Porto, que serviria em Vila Rica como intendente enquanto Cláudio ali alternava as atividades de secretário de governo, vereador da Câmara, provedor substituto da Fazenda e juiz de demarcação de sesmarias, sem falar da labuta forense. Teixeira Coelho transferiu-se para o curso de Leis no final de 1750 e permaneceu na universidade até 1754, quando Cláudio já se achava de volta às Minas. Formou-se, ao contrário do poeta — que era dois anos mais velho que ele —, tanto em Leis quanto em Cânones, optando pela carreira de magistrado.

Da mesma idade que Teixeira Coelho era outro jovem destinado a uma carreira brilhante, malgrado o triste papel que, quatro décadas depois, desempenhou na investigação sobre a conjura de Minas Gerais: Antônio Diniz da Cruz e Silva, poeta dos melhores, formado em Leis no mesmo ano que Cláudio e juiz na devassa que condenou os inconfidentes de 1789. Diniz foi possivelmente dos primeiros poetas a transpor para a natureza "brasileira" o artifício ovidiano da metamorfose, segundo o qual acidentes geográficos e elementos naturais teriam, um dia, sido humanos. Convivendo em Coimbra com o jovem estudante do Ribeirão do Carmo, talvez lhe tivesse exposto as ideias ou mostrado os poemas: o fato é que, vida afora, Cláudio foi um adepto desse preceito, como, por exemplo, num poema muito interessante: "A fábula do Ribeirão do Carmo", conhecido, sabe-se lá por quê, sobretudo por uma de suas estrofes mais feias:

Aonde levantado
Gigante, a quem tocara,
Por decreto fatal de Jove irado,
A parte, extrema e rara
Desta inculta região, vive Itamonte,
Parto da terra, transformado em monte.

Cláudio estabeleceu camaradagem ainda com vários jovens vindos de outras partes da América portuguesa, como José Teles de Meneses e João Ferreira de Bettencourt e Sá, que mais tarde o convidariam para participar de uma academia literária fundada em Salvador, a Brasílica dos Renascidos. Possivelmente date da estada portuguesa o primeiro contato que teve com Pedro Taques de Almeida Paes Leme, homem então beirando os quarenta anos e enterrado até a raiz dos cabelos em pesquisas de arquivo. O historiador era amigo íntimo do sargento-mor João Fernandes de Oliveira e de sua segunda mulher, Isabel Pires Monteiro, paulista também. Demorou-se cerca de dois anos com o casal, e parece que ainda vivia com eles quando sobreveio o trágico terremoto de 1755. Se Pedro Taques e Cláudio Manuel não chegaram a se cruzar em Lisboa, o padrinho deve ter sido um dos primeiros a gabar para o afilhado as qualidades intelectuais do historiador. A amizade entre o paulista e o mineiro perduraria ao longo da vida.

Como o Brasil era então composto de pedaços — verdadeira colcha de retalhos —, o curso universitário cimentava relações pessoais e propiciava a criação de redes de solidariedade. Em Coimbra e em Lisboa, no Reino, em suma, os jovens portugueses da América se encontravam e estabeleciam padrões de convívio impossíveis, ou pelo menos muito difíceis de vicejar nas diferentes capitanias "brasileiras". E parece capricho do destino que Cláudio não tenha conhecido então um conterrâneo ilustre, mais velho que ele cerca de sete anos, nascido perto do sítio da Vargem, no arraial do Inficcionado: frei José de Santa Rita Durão, fruto também do casamento de um português com uma paulista. Frei Santa Rita estudou no colégio agostiniano de Nossa Senhora da Graça em Coimbra poucos anos antes de Cláudio chegar à cidade, e a ela voltou em 1754, tomando o grau de doutor em 1756. Ambos integraram a Academia Litúrgica de Coimbra, ligada ao mosteiro dos agostinianos — sempre eles — de Santa Cruz e fundada em 1748 para discutir assuntos de caráter religioso, mas também ali nunca se encontraram. Depois, no início das décadas de 1770 e de 1780, terminaram seus poemas épicos, o "Vila Rica" e o "Caramuru": se Cláudio porventura leu Santa Rita, este dificilmente teria lido o "Vila Rica" de Cláudio, que permaneceu inédito até o século XIX.

7. Poesia e sociabilidade

Em 1750, o poeta-estudante viveu de perto um dos acontecimentos capitais do século XVIII luso-brasileiro: a morte de d. João V, o monarca do fausto barroco e da religiosidade exacerbada, amante de freiras e da boa música, construtor de Mafra e dilapidador meticuloso do ouro que chegava do Brasil central. Mais: assistiu à ascensão e ao fortalecimento repentino do ministro Sebastião José de Carvalho e Melo, estrela que brilhou durante a maior parte do reinado de d. José I, filho de d. João.

Carvalho e Melo, conde de Oeiras e, mais para o fim da vida, marquês de Pombal — título com o qual ficou conhecido e pelo qual é designado mesmo nos períodos anteriores a sua obtenção —, abriu para os jovens letrados um horizonte de esperanças. Era culto, bastante influenciado pelo pensamento inglês, tinha morado em Viena e em Londres como representante diplomático, respirando ares mais oxigenados que os do pequeno Portugal, onde as elites refinadas e inquietas vergavam sob o peso da censura, atenta aos livros e ideias novas.

Não que fosse impossível ler os livros proibidos ou conversar sobre as ideias ilustradas: muitos o faziam, pois as restrições a ideias e a crenças são sempre passíveis de burla. O clima, contudo, era marcado pela defasagem ante as grandes cortes europeias, e Pombal — ou Carvalho e Melo — representava a inovação. Personagem controversa, procurou reforçar o Estado, cortando as asas da nobreza mais independente e as pretensões seculares da Companhia de Jesus, que acabou por expulsar de Portugal. Os historiadores que estudam o período o consideram um dos principais modelos europeus de *déspota ilustrado*, afeito às reformas sem abrir mão da dureza na condução da coisa pública. Durante as décadas seguintes, letrados do Reino e das diferentes partes do Império passaram-se de armas e bagagens para as fileiras do pombalismo, cantando Carvalho e Melo em prosa e verso.

Cláudio Manuel não fugiu à regra, mas, seguindo o temperamento em geral prudente e comedido, só o fez mais adiante, e é curioso não ter editado em vida parte das poesias elogiosas em intenção do ministro. As dedicatórias que acompanham os poemas publicados em Coimbra revelam um espírito conservador e avesso a novidades, ainda bem enquadrado nos moldes da vida universitária e do espírito rotineiro que devia ser o reinante nos cursos de Cânones. O *Culto métrico*, publicado em 1749, homenageia uma religiosa obscura, dona Clara Teresa Teodora do Nascimento, abadessa do Mosteiro Seráfico de Figueiró. O *Munúsculo métrico* — que significa "pequeno presente em forma de versos" —, impresso em 1751, louva a recondução do reitor da universidade, d. Francisco da Anunciação, com quem talvez tivesse relações pessoais, mas que decerto admirava pelo empenho reformador e atenção dedicada à biblioteca. Preferindo permanecer na penumbra, o jovem aluno-poeta não assinou a homenagem, registrando apenas que aquele "romance hendecassílabo" havia sido consagrado ao reitor por "um aluno da Academia Conimbricense". Por fim, no *Epicédio*, de 1753, Cláudio consagrou a memória de frei Gaspar da Encarnação "em desafogo da mágoa" do mesmo d. Francisco da Anunciação, sobrinho do morto.

Frei Gaspar havia sido uma espécie de primeiro-ministro todo-poderoso durante boa parte do reinado de d. João V, o monarca recém-desaparecido, e naqueles primeiros anos de uma ordem nova evocava tempos já idos. O poema, de cunho barroco, é como os anteriores pesado e monótono, mal deixando entrever o talento que os versos subsequentes revelariam. Nas margens, citações eruditas de autores antigos, como Suetônio, Sêneca, Virgílio, Ovídio; de doutores e santos da Igreja Católica, como Pedro Valério, santo Ambrósio, são Tomás de Cantuária, são Carlos Borromeu, sem falar nas várias passagens da Bíblia. O jovem, já bacharel ou em vias de tornar-se, queria visivelmente impressionar o reitor, mobilizando tradições e códigos familiares ao universo cultural reinante na universidade que ele dirigia. Frei Gaspar havia reformado os cônegos regulares de santo Agostinho da Congregação de Santa Cruz de Coimbra; d. Francisco, o reitor, também era agostiniano, pertencendo igualmente àquela Congregação. Da mesma ordem era ainda o irmão mais velho de Cláudio, frei Antônio de Santa Maria, coetâneo e possível amigo de frei José de Santa Rita Durão, outro agostiniano.

O pai morto, a mãe pressionando dos confins de Minas com uma prole de crianças menores nas costas, o processo de habilitação *de genere* correndo, tudo sugere que Cláudio, além de agradar seu reitor, pensava seriamente em se tornar frade agostiniano em Coimbra. Afinal, era a rede religiosa da qual se sentia mais próximo. Por isso, em tempos de "pombalismo" nascente, cantava o ministro joanino e, de quebra, lisonjeava a regra de santo Agostinho, "sempre ilustre, sempre gloriosa Congregação Reformada".

Nos anos seguintes, floresceria no secular mosteiro agostiniano de Santa Cruz de Coimbra a Academia Litúrgica Pontifícia, financiada com rendas da Santa Sé entre 1758 e 1762, quando Carvalho e Melo a fechou. A sociabilidade culta que ali se desenvolveu por certo já estava enraizada entre os frades com quem o jovem Cláudio conviveu no início da década de 1750: homens talvez meio inclinados à dissidência religiosa, temperada com um grão de espírito sedicioso, a tal ponto que o ministro autoritário achou melhor pôr fim às reuniões. As letras, o espírito crítico e o hábito das reuniões letradas ajudaram a formar o jovem poeta-bacharel, seduzido pela vida mais polida de Coimbra e do Reino.

Por volta da metade de 1753, contudo, a sua vida tomou um rumo diferente: graduado em Cânones em 19 de abril de 1753, voltou para casa. Mesmo que os vários poemas dedicados ao tema do desterro não possam ser considerados testemunhos do descontentamento com que deixou as margens do Mondego para viver junto às do "pátrio" e "feio" ribeirão, o do Carmo, que cortava sua vila natal, Cláudio pode ter partido contrafeito por deixar a "civilização". Lá pelo fim do ano, desembarcava no Rio: era a época em que as frotas saídas de Lisboa chegavam àquela parte da América portuguesa. Talvez quisesse se demorar um pouco na cidade, onde já tinha vivido, e que com certeza lhe evocava lembranças, mas era preciso pegar o Caminho Novo antes que a estação das chuvas chegasse:

> *Enfim te hei de deixar, doce corrente*
> *Do claro, do suavíssimo Mondego,*
> *Hei de deixar-te enfim, e um novo pego*
> *Formará de meu pranto a cópia ardente.*

De ti me apartarei; mas bem que ausente,
Desta lira serás eterno emprego,
E quanto influxo hoje a dever-te chego,
Pagará de meu peito a voz candente.

Das Ninfas, que na fresca, amena instância
Das tuas margens úmidas ouvia,
Eu terei sempre n'alma a consonância;

Desde o prazo funesto deste dia,
Serão fiscais eternos da minha ânsia
As memórias da tua companhia.
(SONETO LXXVI)

8. De volta à pátria

Quem regressava a Minas era um bacharel de 24 anos, bem diferente do menino que havia descido a serra para estudar com os padres. Como em Portugal houvessem ficado dois dos irmãos, um mais velho e outro mais moço que ele, mas ambos religiosos, e em Mariana o único varão da prole órfã fosse ainda um rapazinho, Cláudio voltava sabendo que, doravante, assumiria o papel de chefe da família. Naquele tempo, a viagem se fazia quase sempre pelo Caminho Novo, a não ser quando a urgência exigia jornadas mais curtas, como era o caso dos correios, entregues em geral a homens pedestres familiarizados com a marcha floresta adentro. O Caminho, aprontado para o trânsito dos viajantes desde 1725, cortava as montanhas em altitudes elevadas, os trajetos íngremes acarretando dificuldades e trabalhos. Os que subiam pela primeira vez, como foi o caso do ouvidor Caetano da Costa Matoso em 1749, quase sempre se espantavam com a mistura de mata tropical e precipício, tendo que engolir em seco ante os lamaçais, os imprevistos, a bagagem que volta e meia despencava do lombo das mulas e rolava encosta abaixo, perdendo-se para sempre. Quando não eram as próprias mulas que despencavam, apesar de acostumadas a seguir em fila indiana, quase na ponta dos cascos, pois a estreiteza da estrada não dava para os cavaleiros andarem emparelhados.

O reinol Costa Matoso, que na qualidade de ouvidor assumia o controle do aparelho judiciário da capitania, não manifestou grandes surpresas ou emoções no relato que deixou da viagem a Minas, mas registrou as etapas com minúcia. Cláudio, que já havia feito a jornada uma vez e era filho da terra, talvez tenha se surpreendido mais com aquela travessia acidentada: à medida que a baía do Rio de Janeiro ia ficando para trás, encoberta por véus esgarçados de neblina, ficava também o oceano que ligava a colônia à metrópole, ficavam os navios atracados no cais, as igrejas, os conventos, o palácio dos governadores, o mundo mais lusitano e mais polido que havia desempenhado um papel tão importante na sua formação, e ao qual ele se ligara profundamente, com admiração e culpa. Como em outros momentos da sua vida, e como em várias passagens de sua obra, Cláudio viajava rumo ao fundo da sua alma: subir os morros e percorrer a floresta era como entrar no mundo rude e incivilizado da pátria, dilacerado entre a dor, o desencanto e o sentimento de necessidade.

Cláudio não escreveu nada sobre a viagem; para refazê-la, vale recuperar a narrativa pragmática de Costa Matoso, escrita quatro anos antes.

A subida da serra do Mar, primeira etapa da jornada, corria por dentro da mata densa, escura, úmida e opressiva. Para se vislumbrar alguma nesga de céu, só levantando a cabeça e olhando para cima, por entre a copa das árvores. Gastava-se mais de uma semana até a vegetação se desafogar e os olhos se perderem no horizonte aberto dos campos. A marcha começava entre as cinco e as seis horas da manhã, porque de tarde o tempo esquentava, os raios cortavam o céu, os trovões se sucediam, ecoando dentro do mato cerrado, e aí sobrevinha a chuvarada, tão comum entre novembro e março. Além do desconforto das tempestades, os animais patinavam na lama, cediam ao peso das cargas ou dos cavaleiros, podiam até quebrar as pernas. Com medo de se perder, certos viajantes carregavam bússolas: Costa Matoso foi um desses, apesar de reconhecer que o Caminho era uma estrada única, "em forma que ainda os ignorantes dela a hão de acertar", fazendo as vezes, naquela travessia, das âncoras no meio líquido.

Vencida a primeira serra, havia ainda a da Mantiqueira. O trajeto era entrecortado por sítios e pousos, alguns antigos, datando dos primeiros tempos da ocupação daquelas partes: o sítio do Fragoso, o do Queiroz, com sua capelinha muito asseada, o de Luís Ferreira, onde se podia dormir e rezar junto à ermida, a rocinha do Azevedo, que tinha rancho para acomodar os arrieiros. Alguns dos homens que viviam ao longo do Caminho, dando leito ao viajante, capim para as bestas, cobrando, nos registros, o imposto devido ao rei, eram antigos estudantes de Coimbra, como Pedro Dias Pais Leme, filho de Garcia Rodrigues, o desbravador do Caminho, e neto de Fernão Dias, o lendário Caçador de Esmeraldas.

Pedro Dias era, na época, "o guarda-mor de todas as Minas", tendo sucedido ao pai, morto onze anos antes: o grande potentado daquelas partes, onde outros membros da parentela também ocupavam roças, compondo uma constelação que se espraiava ao longo da coluna dorsal constituída pelo Caminho Novo. O patriarca vivia junto às margens do Paraibuna, em casas de madeira e sobrado, "com dez janelas de sacada" e duas grandes varandas laterais, a edificação sendo toda coberta de telhas e contrastando vivamente com as palhoças circunvizinhas. Assim como fez com o ouvidor,

Pedro Dias pode ter hospedado Cláudio, garantindo-lhe talvez o melhor pernoite da viagem.

Ao ouvirem a notícia de que um jovem bacharel de Mariana voltava para casa após alguns anos na universidade, outros dentre os habitantes do Caminho acorreriam para dar as boas-vindas, pedir notícias frescas, conhecer o novo confrade, cavalgando com ele algumas léguas, como acontecera quando Costa Matoso passou por ali. No meio rude, mesmo dentro dos matos, as regras de civilidade persistiam.

Por toda parte havia água: em regatozinhos, boa de beber; em cachoeiras portentosas, despencando das alturas, espremidas entre as penhas cinzentas; em rios grossos e profundos, como o Piabanha, o Paraíba, que corria "fazendo imensos giros", o Paraibuna, em cujas margens ficava um Registro importante. Ninguém ganhava as Minas sem licença do governador do Rio de Janeiro, obtida mediante pagamento e conferida ali nas margens do Paraibuna, ao mesmo tempo que se cobravam os direitos sobre a entrada de pessoas e animais na capitania. Durante os dias, talvez semanas, em que se demorou no Rio, Cláudio por certo obteve uma dessas licenças junto a Gomes Freire de Andrade ou a um dos governadores interinos que o substituíram enquanto ele andava guerreando os guaranis, os espanhóis, ou se empenhando na demarcação das fronteiras do Sul.

Atravessado o Paraibuna, desdobrava-se uma sucessão de morros empinadíssimos, entre os quais os Três Irmãos, e os caminhos pioravam sensivelmente até o registro de Matias Barbosa, que arrecadava os tributos sobre as cargas de fazenda seca, as de molhado e a escravaria. Mais um dia de jornada, e ao findar o sétimo da viagem chegava-se a Juiz de Fora, que correspondia à metade do trajeto. Daí em diante começavam a se suceder os engenhos de aguardente, os moinhos de milho e de mandioca, os matos mais cortados, os espaços mais largos, uma ou outra casa quadrangular, com janelas de pedra.

Menos difíceis de galgar, os morros continuavam, encadeando-se uns nos outros a perder de vista, até a Borda do Campo, onde afinal o mato mais grosso ia rareando. Um pouco além, uma estrada saía da parte esquerda do Caminho Novo, rumo a São José do Rio das Mortes.

Cláudio seguiu em frente, pelos morretes mais suaves, vestidos por uma espécie de feno que chegava a dois palmos de alto e, nos declives, cobertos por capões e capoeiras de mato virgem. A oeste, a vista ia longe, mas a leste era barrada pelos Matos Gerais, que se estendiam até a capitania do Espírito Santo e, a sudeste, até os Campos dos Goitacazes. Quando cruzou o rio das Velhas por uma ponte de pau e atingiu o Registro Velho, deve ter se sentido em casa, as águas barrentas por causa da lide mineradora evocando, pelo contraste, as águas claras do Mondego. Vida afora, as águas sujas e as limpas, ora opostas, ora fundidas, remeteriam à metrópole e à colônia, compondo a metáfora recorrente da sua indecisão e do seu estranhamento.

Cerca de quinze dias depois de ter deixado o Rio, Cláudio Manuel da Costa chegou ao sítio do Fundão, onde vivia sua família, ou quem sabe a Mariana, para onde a mãe e os irmãozinhos poderiam ter ido esperar o novo bacharel.

Vinha de vez, e nunca mais sairia de Minas.

9. Mariana e Vila Rica

Torno a ver-te, ó montes; o destino
Aqui me torna a por nestes oiteiros,
Onde um tempo os gibões deixei grosseiros
Pelo traje da Corte, rico e fino.
(SONETO LXII)

A família que Cláudio encontrou em Mariana era bem diferente da que deixou quando desceu para o Rio cerca de sete anos antes. A mãe, contando então no máximo 55 anos, estava mais velha e mais triste, uma viúva à frente da prole numerosa, a urgência das decisões lhe pesando sobre os ombros, sozinha na falta dos filhos mais velhos, um deles agora voltando de Coimbra, e tendo que estar bem atenta quanto às estratégias a adotar para diminuir um pouco o impacto da morte do marido.

João Gonçalves da Costa havia deixado um patrimônio avaliado em pouco mais de 4326 oitavas de ouro, o que corresponderia a 5:191$200 réis: tinha portanto abastança, mas não fortuna. Quatro dos filhos eram menores: Francisco de Sales contava, em 1750, dezessete anos, José Antônio, catorze, Ana Rosa Felícia, nove e a pequena Francisca Clara, seis. Aos 28 anos e havia muito vivendo num convento de Lisboa, Antônio, o mais velho, não voltaria mais para Minas. Francisco parece que estava presente quando o pai morreu, apesar de alguns documentos — como as inquirições que mais tarde se fizeram durante seu processo de qualificador do Santo Ofício — indicarem que já morava no Reino. Para os três menores, que comprovadamente viviam com Teresa, foi preciso constituir um tutor, e a escolha recaiu sobre Francisco Pedroso Navarro.

Tão logo enviuvou, Teresa deu início aos trâmites necessários para que pudesse continuar explorando as lavras e garantindo a subsistência dos seus. Diante do juiz de órfãos, que na época era o dr. Francisco Ângelo Leitão, relatou que os serviços minerais com a roda continuavam normalmente nas propriedades da família, extraindo um monte de cascalho que ia crescendo enquanto não se autorizava a venda aos compradores interessados: não no cascalho, obviamente, mas no ouro que vinha misturado a ele. No final de 1750 — João Gonçalves havia morrido a 19 de janeiro —, terminou-se o inventário e Teresa se comprometeu a dar conta dos bens ao juiz de órfãos. No início de 1752, procedeu-se à partilha do patrimônio que cabia aos herdeiros, uma vez separada a meação da viúva, como determinava a lei. Patrimônio minguadíssimo, 96 oitavas, ou 144$000 réis para cada um: o equivalente ao que se havia pagado em 1729, na vila do Carmo, aos serviços musicais do mestre de capela Francisco Xavier da Silva quando das festas de Corpus Christi e Nossa Senhora do Carmo.

Os serviços fúnebres e as dívidas comeram 3196 oitavas de ouro, que equivaliam a 4:794$000 réis. Para honrar tais compromissos, seria necessário vender todos os escravos; eles foram arrolados e avaliados, mas talvez Teresa tenha protelado a venda: como tocar os trabalhos da roça e da lavagem sem eles? Do inventário se depreende que houve certo mal-estar com o tutor, que deveria arrematar os bens dos menores em praça pública e não o fez, pelo que se viram ameaçados de sequestro. Francisco Pedroso Navarro não era, tudo indica, figura de importância na vida da cidade: nenhum dos personagens que aparecem no inventário, aliás, o era, com exceção dos dois juízes de órfãos responsáveis pelos menores nos anos 1750, Francisco Ângelo Leitão e Silvério Teixeira, que, entre 1748 e 1755, monopolizaram, em gestões alternadas, o cargo de juiz de fora na Câmara de Mariana. O pai de Cláudio não foi homem ligado ao governo local, tendo conseguido o que conseguiu com base na exploração da terra e do ouro de cascalho: bem diferente do pai de outro importante poeta das Minas, frei José de Santa Rita Durão, o sargento-mor Paulo Rodrigues Durão, figura proeminente em Mariana e arredores desde os primeiros tempos, ostentando patente militar já em 1719, quando destruiu quilombos, e vereador, por duas vezes — 1729 e 1735 —, da Câmara da então vila do Ribeirão do Carmo.

Assoberbada pelas decisões a tomar, temendo ver os bens dos filhos evaporarem, Teresa parece ter pressionado Cláudio, o único dos dois rapazes maiores que ainda tinha mobilidade — Francisco se enterrara num convento —, e ele voltou. A mãe já tinha então se comprometido a pagar 2$000 réis sobre a avaliação da parte de cada filho, a *legítima*, num total de 12$000 réis a serem divididos em seis parcelas. Uma leitura atenta do inventário sugere que a partilha seguiu uma estratégia bem arquitetada, prevendo que, de fato, os bens nunca sairiam da posse da viúva. Nessa partilha meio virtual, as joias ficaram para as moças, e os móveis, quase todos, para Cláudio, a Teresa cabendo o valioso crucifixo, as panelas, os talheres, os pratos e boa parte da roupa branca, que garantiam, obviamente, o bom funcionamento da casa.

As evidências documentais não permitem saber se o bacharel voltou para a casa da família na Vargem do Itacolomi ou se foi ficando meio provisoriamente em Mariana para tocar melhor as pendências do espólio paterno. O cenário urbano também era outro. A vila da infância se tornara cidade e sede de bispado, e após uma sucessão de sérias enchentes, ocorridas entre o final da década de 1730 e o início da de 1740, foi sendo reconstruída com mais ordem e método, desenhada, a pedido do governador Gomes Freire de Andrade, por José Fernandes Pinto Alpoim. As casas de dois andares ostentavam as fachadas sobre ruas retas, e os quintais, por determinação oficial, ficavam confinados aos espaços posteriores; as construções antigas e mal plantadas eram, sempre que necessário, postas abaixo para ceder lugar a praças e prédios públicos. A cidade de Mariana ia ainda roendo os pastos circunvizinhos, ultrapassava, com pontes, os regatos auríferos, exibia seu primeiro chafariz de repuxo e erguia igrejas mais firmes e mais solenes: a do Rosário, a da Matriz nova, a de São Pedro dos Clérigos, sem falar do Seminário, que funcionou primeiro numa casa já existente e acabou anexando a seu corpo principal a capela de Nossa Senhora da Boa Morte, construída por Arouca e pintada, anos depois, por Ataíde. Como observou Cláudia Damasceno, as novas ruas se "pontilharam de igrejas, passos da paixão, oratórios e cruzes": ser cabeça de bispado implicava cuidar da evangelização dos povos, zelar pelas práticas religiosas, ostentar os signos exteriores da fé e, claro, abrigar o bispo e o cabido, que se tornaria famoso, século afora, pela arte de semear discórdias e alimentar encrencas. Realidade nova, própria de uma sociedade mais complexa, e com a qual Cláudio também teria que ir aprendendo a lidar.

O governador ficava ao lado, em Vila Rica, morando, desde 1748, no palácio que ainda hoje fecha um dos lados da praça Tiradentes. Sempre por determinação de Gomes Freire, Alpoim havia subido do Rio de Janeiro para erguer a casa dos governadores, mas quem primeiro a ocupou foi seu irmão, José Antônio Freire de Andrade, que o substituiu interinamente anos a fio e teve papel importante no início da vida pública de Cláudio. A construção havia sido orçada em pedra e barro, ou em pau a pique, mas acabou realizada em pedra e cal: a região era conturbada, os tumultos sempre no horizonte, a escravaria crescendo a cada ano, melhor que tivesse, como teve, feição de fortaleza bem segura.

Vila Rica também passava por grande transformação, iniciada na época em que Cláudio tinha partido para o Rio de Janeiro, mas ainda em curso na década de 1750, quando surgiram a ponte do Padre Faria, a do Caquende, a de Antônio Dias, a do Pilar, inaugurando-se os chafarizes da rua do Ouvidor e o da Ponte, e as fontes do Ouro Preto e do Alto da Cruz.

Entre a cidade, sede do bispado, e a vila, sede da administração, Cláudio tocaria sua vida. Depois de descer e subir as duas cadeias montanhosas que separavam Minas Gerais e o Rio de Janeiro; de cruzar duas vezes o Atlântico, viver em Coimbra, passear em Lisboa, identificar-se com a atmosfera mais culta do Reino, acostumar-se aos espaços largos e dar-se conta da imensidão do Império no qual nascera, estava de volta à terra de origem, entre desconfortável e resignado, encontrando ali amparo mas, ao mesmo tempo, estranhamento, engolfado na contradição bem barroca, mas também eterna, do ser ou não ser. Vários poemas, alguns escritos antes até do retorno e sistematicamente reescritos até 1768, quando foram publicados, expressam o tópico do *desterro na própria terra*, do desassossego permanente. Talvez nenhum registre tão bem o que deve ter sentido no ano de 1754, quando reencontrou, transfigurada, a terra de origem, quanto o soneto VII das *Obras*:

78

Onde estou? Este sítio desconheço:
Quem fez tão diferente aquele prado?
Tudo outra natureza tem tomado,
E em contemplá-lo, tímido, esmoreço.

Por mais que os críticos literários desvendem, por trás dos versos, uma infinidade de referências clássicas e de tópicos recorrentes, o historiador e o leitor pensam, obrigatoriamente, no avanço da atividade mineradora que ia comendo o relevo, sujando os rios e atraindo gente para alterar, de modo irreversível, a ordem do mundo outrora conhecido pelo poeta:

Uma fonte aqui houve; eu não me esqueço
De estar a ela um dia reclinado;
Ali em vale um monte está mudado:
Quanto pode dos anos o progresso!

Árvores aqui vi tão florescentes,
Que faziam eterna primavera:
Nem troncos vejo agora decadentes!

O fecho do soneto arranca o leitor dessa descrição mais detida de uma paisagem que é ao mesmo tempo real e imaginária e o atira contra o impasse incontornável da miséria humana, pondo-o diante do maior dos estranhamentos: o do indivíduo consigo mesmo, permanente inclusive quando os elementos concretos que o circundam são mutáveis e a memória é traiçoeira:

Eu me engano: a região esta não era;
Mas que venho a estranhar, se estão presentes
Meus males, com que tudo degenera?

Nos dez anos subsequentes, o espaço que serviu de cenário à vida cotidiana de Cláudio se resumiria a distâncias curtas, possíveis de vencer em pequenas jornadas a cavalo ou em mula, de Mariana ao sítio da Vargem — que ficava bem perto —, dali a Vila Rica, desta de volta a Mariana. Nesse raio relativamente exíguo, o bacharel construiu sua personalidade de homem maduro e a identidade bifronte de poeta e homem público, ganhando a estima e o respeito dos seus pares.

Evidências documentais esparsas sugerem que Cláudio primeiro se estabeleceu em Mariana, cortada pelo "pátrio ribeirão", o do Carmo, feio e turvo. Era cidade episcopal, ali funcionava, desde 1750, o Seminário e, na época, fosse por pressão materna, fosse por opção profissional meio titubeante, Cláudio ainda cogitava da carreira eclesiástica, e aguardava o desenlace do processo de habilitação *de genere et moribus* iniciado em 1751, quando havia requerido ao bispo d. Frei Manuel da Cruz que se dignasse admiti-lo a fazer as diligências necessárias para se tornar sacerdote. Essas diligências se arrastaram pelos anos, da Câmara eclesiástica de Mariana ao bispado de Coimbra, desdobrando-se em inquirições ao longo de 1755 e se perdendo no final da década de 1750, quando a vocação remota se esgarçou de vez ou o amor por Francisca Arcângela de Sousa, sua companheira da vida toda, falou mais alto, inviabilizando a observância do voto de castidade.

10. Ajudando a governar

Enquanto esperava o avanço da lenta burocracia eclesiástica, Cláudio teve sua primeira experiência de homem ligado ao governo: em novembro e dezembro de 1754, foi almotacé da Câmara Municipal de Mariana. No mundo português de então, os almotacés eram magistrados que atuavam junto às municipalidades para, sem receber vencimentos, desempenhar funções fiscalizadoras no território do *termo* dentro do qual a vila se localizava: cuidar que não faltassem alimentos para a população nem oficiais, ou seja, artesãos para desempenhar os ofícios mecânicos; verificar se os pesos e as medidas estavam adequados, promover a limpeza das ruas, vigiar a execução das posturas municipais. Eram escolhidos a cada dois meses pelas próprias Câmaras, que os podiam reconduzir ao cargo várias vezes seguidas. Um desses magistrados devia policiar a sede do *termo* — Mariana, no caso —, o outro tendo de fiscalizar as demais vilas e arraiais da mesma jurisdição. A área dependente de cada

81

vila podia ser muito grande, a ação do magistrado vendo-se então reduzida às paróquias mais próximas.

Recrutavam-se os almotacés entre os *homens-bons* da vila, ou seja, entre aqueles que correspondiam às camadas dominantes em termos econômicos, políticos e sociais.

Os *homens-bons* de Mariana começavam, na década de 1750, a morar na rua Direita, onde se iam erguendo, no lado esquerdo, casas de dois andares com sacadas e beirais. Se não ficou residindo no sítio da Vargem, que não distava muito da cidade, talvez Cláudio tenha ocupado uma dessas construções, ou as do lado direito, mais baixas, cujos quintais davam para a "praia", como se designavam as terras mais próximas dos rios, alagáveis em tempo de cheia e dominadas pelas senzalas ou mesmo pelas casas dos negros pobres, empurrados, desde sempre, para a periferia dos centros urbanos.

Em que pese o fato de que a população das Minas tenha sido, desde o início, majoritariamente negra e mestiça, os *homens-bons* — inclusive quando mestiços eles também — sempre ostentaram, conforme mostrou Marco Antônio Silveira, o desejo de distinguir-se dos demais. A Câmara de Mariana, à qual Cláudio se associou logo, foi protagonista, em maio de 1753, de um episódio exemplar nesse sentido. A lei portuguesa determinava que as crianças abandonadas nas ruas, nas portas das residências ou nas "rodas de expostos" das Santas Casas de Misericórdia seriam, mesmo quando negras e escravas, automaticamente consideradas livres. Naquele mês, contudo, a Câmara de Mariana se recusou, em três ocasiões, a fornecer o pagamento que, na ausência das Santas Casas — e não as havia nas Minas da época —, a municipalidade deveria desembolsar para a criação dos expostos. O motivo: havia suspeita de que essas crianças eram negras ou mestiças. A gente da rua Direita deixava bem claro, portanto, que nada tinha a ver com os moradores das terras alagadiças dos arrabaldes.

Foi nesse ambiente que Cláudio estreou como homem a serviço da municipalidade. Mesmo que sua vida privada e seu mundo interior o empurrassem para além das restrições próprias a uma sociedade escravista e a um Império, como o português, cioso dos estatutos de pureza de sangue, a ética dominante limitava-lhe a prática e a ação. Se Cláudio estivesse entre os homens da Câmara no ano anterior teria provavelmente compactuado com essa medida restritiva e até ilegal: seria uma fissura a mais entre as tantas que carregaria pela vida.

Entre 1756 e 1757, trocou de vez Mariana por Vila Rica, a cidade do bispo pela dos governadores, a opção religiosa — que nunca o seduzira de fato — pela secular. O cargo de almotacé por certo pesou na escolha, pois lhe permitira perceber, na prática, que a justiça e o governo se entrelaçavam também no nível local da administração do Império. Num mundo ainda muito marcado, como aquele, pela tradição e pela rigidez hierárquica, o grau de bacharel abria caminhos para o serviço público, e este permitia a promoção social. A maioria dos advogados ativos em Vila Rica e em Mariana, entre a metade e o final do século XVIII, tinha nascido em Portugal, buscando nas colônias um sucesso que, se permanecessem no Reino, talvez fosse mais remoto. Cláudio discrepava: Minas era sua pátria, o pai é que viera de longe, enriquecera, dera duro para conseguir a honra de ter filhos formados em Coimbra, acumulando escravos, terras minerais e propriedades fundiárias. O caminho estava livre para que, uma vez depurados por meio da formação universitária, ele e os irmãos se atrelassem à Igreja ou ao Estado. Cláudio preferiu o Estado, sem nunca abandonar os livros e as musas, típico letrado à moda do mundo tardomedieval, renascentista e barroco. Foi inclusive um dos últimos dessa estirpe, antes que o homem de letras se tornasse o que, no século XIX, passou a ser chamado de intelectual.

No dia 1º de janeiro de 1758, Cláudio tomou posse como terceiro vereador da Câmara de Vila Rica. O mandato em geral era de três anos, e não cabia remuneração: não eram pecuniários os motivos que levavam os homens da época a se aproximar da Câmara, mas advindos do prestígio, da honra conferida pelo cargo e do poder político que dele emanava. A eleição se verificava por via indireta: os *homens-bons* da vila votavam abertamente em seis representantes sufragistas e estes, por sua vez, elegiam os futuros representantes da Câmara. Ocorria na véspera do Natal, quando se quebravam os *pelouros* dentro dos quais haviam se depositado os nomes dos concorrentes. Com missa solene e visita ao governador, a posse dos camaristas ocorria invariavelmente no primeiro dia do ano.

Apesar da enorme distância geográfica que separava os poderes locais ultramarinos dos centros decisórios do Reino, a Câmara Municipal funcionava como caixa de ressonância da política metropolitana, subordinando-a ou adaptando-a, sempre que possível, aos interesses dos poderosos da região. Notícias importantes, a despeito do percurso que as fizesse chegar às partes mais remotas, eram logo repassadas à Câmara para, dali, ganharem o resto da população. Em 31 de janeiro de 1756, por exemplo, o governador das Minas escreveu ao ouvidor Francisco Ângelo Leitão contando sobre o terremoto que havia destruído Lisboa três meses antes, a 1º de novembro de 1755. Leitão imediatamente escreveu ao Senado da Câmara e ao bispo, d. frei Manuel da Cruz, e todos se consternaram ante o que foi visto como justa manifestação da cólera divina, sem que se explicitasse o motivo que a tornava justa... Do Senado partiu a ordem para a realização de missas ao longo de nove dias, com o Santíssimo Sacramento exposto na boca do sacrário e as reiteradas graças rendidas a Deus por ter a família real saído ilesa da catástrofe: as medidas, os sinais e os símbolos visavam incluir os habitantes de Vila Rica no conjunto dos súditos portugueses que choravam as perdas acarretadas pelo flagelo natural.

Naquele primeiro dia de 1758, foram empossados, junto com Cláudio, outros dois vereadores, João Lourenço de Magalhães e Antônio José da Cunha Vasconcelos, bem como os juízes ordinários Manoel da Costa Reis e Nuno José Pinto Pereira, e ainda o procurador Francisco Xavier de Sousa. Pelo menos quatro dentre eles eram advogados, indicando como na prática os homens da lei se dedicavam às atividades de governo: homens que tinham, muitos deles, sua atividade profissional e seu grupo de clientes, mas que pensavam poder ampliá-los por meio das novas relações estabelecidas durante o exercício das funções no Senado da Câmara. A lógica da administração pública portuguesa naqueles tempos permitia ainda que os membros da Câmara se lembrassem dos familiares quando precisavam contratar serviços. Como já se mencionou, frei Francisco Vieira de Jesus Maria, tio de Cláudio Manuel da Costa, recebeu 25 oitavas de ouro pela pregação proferida na festa de são Francisco Borja em Vila Rica. Além do que, e não menos importante, alargava-se consideravelmente, na prática camarária, o montante do *capital simbólico*, ostentado nas insígnias do poder local: as varas douradas com que os vereadores saíam pelas ruas nas ocasiões especiais ou ainda o estandarte da Câmara, em damasco branco guarnecido com franjas de ouro e com as armas reais bordadas.

O número de sessões mensais variava, talvez em função das decisões a tomar e das medidas a implementar, havendo meses com poucas sessões — duas ou três — e outros com quase uma dezena delas. Ao longo de 1758, Cláudio esteve presente na primeira sessão do ano, a da posse, e faltou às demais realizadas no mês de janeiro. Daí em diante, contudo, compareceu a praticamente todas, chegando, em maio, a ser *juiz presidente da mesa*, ou seja, a dirigir as sessões. Com base nos dados disponíveis sobre as sessões da Câmara de Vila Rica durante as três décadas nas quais Cláudio participou da vida pública, sua assiduidade nunca mais seria tão marcada, e houve anos, em vereanças subsequentes — como a de 1781 — em que o poeta parece ter sido até relapso. Em 1758, com 29 anos, a carreira no início, o nome ainda por consolidar, não dava, literalmente, para brincar em serviço.

Data daquela época a encomenda da Câmara para que o jovem bacharel traçasse uma carta topográfica de Vila Rica e seu termo, ou seja, a região que se encontrava sob sua jurisdição. Muitos historiadores entenderam que houve um certame e Cláudio saiu vencedor, mas o que parece mais correto é considerar o trabalho como fruto de um pedido, ao qual se pagou o *prêmio* — ou seja, a quantia, e daí a confusão — de meia libra de ouro, que corresponderia a 64 oitavas. A ordem tinha vindo do vice-rei, conde dos Arcos, que a passou ao corregedor da comarca do Ouro Preto, o qual, por sua vez, definiu — *arbitrou*, outra palavra que gerou mal-entendidos — a quantia de meia libra de ouro como remuneração do serviço.

Sem ter formação específica na matéria, Cláudio Manuel cumpriu a tarefa: como sugerido anteriormente, pode ter assistido a cursos de matemática ou até de cartografia nos tempos de Coimbra, ou se enfronhado no assunto em virtude da curiosidade intelectual que, conforme as testemunhas coevas, sempre o caracterizou. Feita a sua parte, entretanto, esperou um ano até que, no finalzinho de 1759, a Câmara lhe pagasse a quantia devida. Como a carta topográfica se perdeu, não é possível avaliar o quanto de bom cartógrafo havia no excelente poeta.

No início de 1762, ele estaria de volta à Câmara de Vila Rica, então como juiz ordinário, ou juiz mais moço, conforme se dizia. Tomem-se as atividades desse ano por exemplo das que compunham o dia a dia do Senado da Câmara naqueles tempos. Logo no dia 5 de janeiro os vereadores escreveram um edital — que aliás Cláudio não assinou, certamente por ter faltado à sessão — reclamando dos negros e negras faiscadores que arruinavam as calçadas das ruas por lhes arrancarem as pedras, terras e cascalhos com facas, paus e outros instrumentos pontiagudos, buscando ouro como se estivessem em faisqueiras. No dia seguinte, lançaram um edital proibindo a venda de comestíveis nas lavras, pois os que o faziam eram quase todos negros fugidos: tal comércio, determinavam, só podia ser realizado nas vilas e arraiais. Proibiram ainda que se roçassem os matos ou capoeiras para se fabricar sabão nas cercanias de Vila Rica ou no raio de uma légua a seu redor, porque os moradores já vinham sofrendo a falta de lenhas. Dias depois, determinaram que os comerciantes de gado o mantivessem nos currais com água fresca e capim novo; que se impedissem os porcos de andar soltos pelas ruas; que não mais se lavassem roupas nos chafarizes públicos e nos tanques onde os cavalos bebiam água: quem desobedecesse, seria punido.

Além de regulamentar a vida cotidiana nos espaços públicos da vila, a Câmara dava providências para que as festividades costumeiras se realizassem adequadamente; naquele 20 de janeiro, a municipalidade compareceu à festa de são Sebastião verificada na matriz do Ouro Preto, o Senado saindo à rua com um alferes a carregar-lhe o estandarte. Em 1º de maio, se os planos traçados foram de fato seguidos à risca, começaram as cavalhadas que celebravam o nascimento do príncipe da Beira — título dado ao filho mais velho do príncipe do Brasil, herdeiro presuntivo do trono português: as determinações estabelecidas nesse sentido ostentam, inclusive, a assinatura de Cláudio Manuel da Costa. Seguiram-se três dias de luminárias, procissão com o Senhor exposto, *Te Deum Laudamus*, tarde de touros, contradanças, permissão para que os mascarados circulassem livremente. Em junho era a vez das comemorações do Corpus Christi: ao longo do percurso do préstito, todas as pessoas, independentemente da qualidade e condição, tinham de limpar e varrer as testadas de suas casas, e cada um na medida da própria condição enfeitar portas e janelas com cortinas e colchas. Seguiam-se a festividade da visitação de santa Isabel, a do anjo Custódio do Reino e tantas outras às quais os vereadores da Câmara, entre eles Cláudio Manuel, deviam todos assistir.

Ao longo das décadas de 1760 e 1770, o poeta parece ter se afastado das atividades mais diretamente ligadas à Câmara, exceto durante os meses de agosto, setembro e outubro de 1769, quando aparece como fiscal dela. Houve ainda uma vez em que foi eleito juiz ordinário, mas, alegando moléstias, encaminhou à Câmara um pedido de desistência. O pedido foi aceito e se procedeu a nova escolha, sem que haja contudo referência à data, muito provavelmente um dos anos da década de 1780, quando o poeta já tinha mais idade e, tudo indica, muitos achaques.

A década de 1780 o veria de volta ao corpo do Senado: como juiz mais moço durante 1781; como juiz mais velho em 1786 — para alguns, também durante 1784 e 1785 — e, por fim, em 1789. De qualquer maneira, foi ali, no convívio com os demais vereadores e magistrados, que ele teceu sua rede de relações e influências, conseguindo clientes para seus serviços profissionais, conquistando amigos e interlocutores com quem pudesse conversar sobre livros e ideias. A Câmara serviu de alavanca poderosa para alçar Cláudio Manuel da Costa ao grupo dos que compunham a oligarquia local — não só a de Vila Rica, mas a das Minas, governada a partir daquele núcleo urbano.

Em 1762, por exemplo, a atuação dos vereadores no processo de escolha do novo capitão-mor de Vila Rica deixa entrever um desses momentos nos quais as redes de clientelas e solidariedades eram tecidas pela oligarquia local. Os camaristas, entre eles Cláudio Manuel da Costa, indicaram para o cargo vacante o capitão Afonso Dias Pereira, José Caetano

Rodrigues d'Orta e, por fim, o sargento-mor José Álvares Maciel. Os três eram cavaleiros da Ordem de Cristo, o segundo sendo, além disso, escudeiro fidalgo da casa de Sua Majestade. Apesar de ser o terceiro na ordem da lista, o escolhido foi Maciel, que anos depois casaria uma de suas filhas com Francisco de Paula Freire de Andrade, filho natural de José Antônio Freire de Andrade, governador interino de Minas no momento da indicação. Maciel compunha o grupo mais seleto dos *homens-bons* da capitania, e tanto seu filho quanto seu genro contaram entre os acusados, junto com Cláudio, por crime de inconfidência em 1789.

11. Boas amizades

Na vereação de 1781, Cláudio foi juiz mais moço e pouco compareceu às sessões. Teve por companheiros na Câmara o tenente-coronel Ventura Fernandes de Oliveira, o sargento-mor Diogo José da Silva Saldanha, Francisco de Freitas Braga, o capitão José Veloso do Carmo e Domingos José Ferreira. Todos, com exceção de Freitas Braga, eram também, comprovadamente, irmãos da Santa Casa da Misericórdia, compondo, assim, o modelo da oligarquia local detectado pelo historiador britânico Charles Boxer para o conjunto do Império português: quem não estava na Câmara, estava na Misericórdia, quando não estava nas duas.

Ventura Fernandes era irmão de João Fernandes de Oliveira, o velho, padrinho do poeta e amigo de seu pai. Foi um dos principais homens de negócio de seu tempo, associando-se tanto ao irmão quanto ao sobrinho, o dr. João Fernandes, no contrato dos dízimos da capitania entre 1º de agosto de 1768 e 31 de julho de 1770: as perdas e os lucros foram divididos em quatro partes, cabendo duas ao velho financista, uma a seu filho e uma a Ventura. Na mesma época, seu nome aparece, sozinho, também como arrematante do contrato das passagens do rio São Francisco "e suas anexas". Em 1782, talvez em decorrência da maior proximidade acarretada pela convivência na Câmara, Cláudio adiantou a Ventura a quantia de 434 oitavas de ouro e três quartos, que o contratador deveria pagar em quantias anuais de quarenta oitavas. Deveria, mas não pagou: em 1789, quando Cláudio morreu, Ventura continuava seu devedor.

Francisco de Freitas Braga e Domingos José Ferreira parecem ter sido contratadores também: seriam, respectivamente, a mesma pessoa que Francisco Nunes Braga, arrematante das passagens no ano de 1784, e Domingos Ferreira Veiga, que na primeira metade da década de 1750 arrematou entradas da capitania por cerca de quinhentos contos de réis. Ao longo do século XVIII, as relações entre os contratadores e os principais órgãos de gestão colegiada das Minas, a Câmara de Vila Rica e a Junta da Real Fazenda, foram mais do que íntimas. Presidida pelo governador, a Junta tinha, entre outras funções, a de arrematar os contratos e tomar as contas prestadas pelos contratadores. Além disso, quando das arrematações, governadores e membros da Junta recebiam *propinas*: formas suplementares de rendimento que, diferentemente do sentido hoje assumido, não implicavam corrupção. Daí o fato, constatado por mais de um historiador, de Câmara e Junta centralizarem os interesses econômicos mais poderosos da capitania.

O capitão José Veloso do Carmo aparece com frequência na documentação da época, inclusive como proprietário de casas em Vila Rica, uma delas no Passa Dez e outra na rua Nova do Sacramento. Em 1761, morava diante da capela de Nossa Senhora do Rosário dos Pretos e foi testamenteiro do capitão-mor Antônio Ramos dos Reis, homem muito rico que, falecendo sem herdeiros, determinou que se despendesse uma fortuna em missas, cerimônias e legados pios. Em 1794, quando Cláudio já não era mais deste mundo, Veloso do Carmo foi depositário dos bens sequestrados a Manuel Teixeira de Queiroga, outro homem graúdo no mundo financeiro das Minas em fins do século XVIII, arrematante, junto com mais seis sócios, dos dízimos da capitania no triênio de 1787-9, o que lhes valeu o adiantamento de mais de 129 contos de réis: soma correspondente a pouco mais da metade da que, no ano de 1786, o quinto do ouro rendeu à Intendência de Vila Rica.

Talvez tenha sido Veloso do Carmo quem aproximou Cláudio de Queiroga lá por meados da década de 1780, quando esse reinol, natural de Lisboa, contava trinta e poucos anos mas já ia juntando muito dinheiro com base no comércio e, sob a proteção do governador Luís da Cunha Meneses, do contrato dos dízimos. Queiroga não estava na Câmara, mas estava — ou esteve logo depois, é difícil verificar com precisão — na Misericórdia. O fato é que o negociante e o letrado passaram a pertencer ao mesmo círculo: o moço contratou os serviços do velho advogado para suas causas e para as do Contrato, comprometendo-se a lhe pagar por ano quarenta oitavas de ouro. Viviam perto um do outro, as partes laterais das casas de ambos confinado com o antigo Largo do Mercado. A bela casa de Queiroga, onde hoje funciona a Pousada do Mondego, era muito bem fornida de móveis, entre os quais uma grande mesa de escrever, forrada de pano verde, vários quadros com molduras — onze ao todo, sendo uns bem grandes, que retratavam países —, profusão de toalhas bordadas, de lençóis de bretanha, de louça da Índia, inclusive cinco jarras "para conservar flores". Mais ou menos na época em que era cliente de Cláudio, Queiroga comprou propriedades rurais, formou um rebanho de gado cujas cabeças atingiam a ordem das três centenas e se tornou o maior criador de cavalos da região, talvez da capitania toda, contando cerca de quinhentos animais.

Um móvel específico para as atividades da escrita — a escrivaninha forrada — e os jarros para flores denotam requintes de vida material pouco usuais naquela época e região. A criação de cavalos, mais do que negócio, sugere certo cacoete aristocratizante, que o empurrava, como os objetos mais raros, para o desejo de distinção. Por fim, os livros: 43 títulos em 169 tomos, compondo uma biblioteca menor que a de Cláudio mas escolhidíssima, com obras que não se encontravam entre as possuídas pelo poeta apesar de integrarem o seu universo de influências e predileções: Petrarca, Tasso, Ariosto, Sá de Miranda, Boileau, La Bruyère, Goldoni, Voltaire, Montesquieu.

Os livros, mais que os hábitos, foram por certo o elemento decisivo de aproximação entre Queiroga e Cláudio. O contratador devia emprestar ao poeta as obras que ele queria ler ou reler, e que, encomendadas, demorariam a chegar a Vila Rica. Vínculo capaz de suplantar inclusive as diferenças que eventualmente opusessem — como opuseram — o grupo de Cláudio, do qual faria parte, naquela mesma época, o ouvidor Tomás Antônio Gonzaga, e o grupo de Queiroga, que entre 1784 e 1787 gozou de proteção especial por parte do governador Cunha Meneses, tido por inimigo figadal dos inconfidentes de 1789. Nas "Cartas chilenas", que exploraram, com base nos fatos ou na imaginação, o fosso entre essas facções, Meneses foi o *Fanfarrão Minésio,* e há quem diga que Queiroga foi *Roquério.* Na vida real, a proximidade entre Queiroga e Cláudio deve ter se originado, indiretamente, no círculo de relações dos *homens-bons* da Câmara para, depois, abarcar negócios profissionais, econômicos, e se consagrar na afinidade dos gostos e das leituras, cimentando interesses materiais e intelectuais.

A Câmara Municipal, seus encargos, a sociabilidade que nascia nela e se espraiava para o mundo exterior foram a porta pela qual Cláudio Manuel da Costa ingressou na vida pública de Minas. Na Câmara, aproximou-se do universo dos contratos, no qual se verificava a apropriação privada, por parte de uma elite econômica e intelectual, de recursos que deveriam ser públicos. Os contratadores foram insolventes perpétuos: tomavam dinheiro da Coroa e raramente pagavam. Vários entre eles escolheram Cláudio como advogado.

Ao longo dos anos, em períodos distintos, o advogado-poeta voltaria àquele espaço, em funções diferentes conforme ia entrando em anos: o que não mudava nunca era a importância da instituição e seus agentes na vida local da capitania, e Cláudio, para quem a ascensão social do pai estava fresca na memória, sabia muito bem disso.

12. Brigando por cargos

Cláudio tratou de consolidar o prestígio profissional e a estima social sem, contudo, abrir mão dos benefícios que podiam advir de um Estado patrimonialista como o português. Fama pública e honra valiam mais quando atreladas ao cargo: na década de 1760, Cláudio o perseguiu com perseverança e método. Também nisso foi um típico letrado do Antigo Regime.

O primeiro dos cargos conseguidos ao longo da vida chegou em 17 de outubro de 1760 pelas mãos do governador interino de Minas, José Antônio Freire de Andrade, que o nomeou procurador substituto da Coroa e da Fazenda "para servir nos impedimentos" de José Manuel de Siqueira, então doente. Cláudio Manuel da Costa, que até então atuara no nível do poder local, ficava assim mais próximo da administração e da justiça delineadas no Reino. Em 15 de junho de 1762, outro funcionário doente permitiu novo avanço do bacharel rumo aos centros onde o poder se tecia: em substituição a Manuel da Silva Neves, que se retirava para o Rio em busca de tratamento, Gomes Freire de

Andrade — ou seu irmão José Antônio, os documentos oferecem as duas possibilidades — o designou secretário do governo de Minas Gerais. O desembargador Manuel da Fonseca Brandão, que passava por Vila Rica rumo à capitania de Goiás, o empossou no cargo. A certidão comprobatória tem data de 9 de março de 1763, mas sabe-se que Cláudio vinha exercendo as atividades do cargo desde 11 de agosto do ano anterior.

As compensações pecuniárias não eram muitas, mas existiam: os secretários recebiam 400$000 réis anuais e mais 80$000 réis para aluguel de casas, papel e tinta, bem como 108$000 réis quando das festividades em torno de efemérides de pessoas da família real. O que mais contava, por certo, eram a proximidade com o poder e o reconhecimento público das qualidades distintas do ocupante da função: como escrevera Martinho de Mendonça quase trinta anos antes, o ofício de secretário de governo era de suma importância, exigindo pessoa de inteligência e iniciativa, "e, sobretudo, que seja incorruptível para não relaxar o segredo". Nas funções públicas, o secretário de governo sentava-se em "cadeira rasa" e tinha precedência sobre oficiais da milícia.

Significativamente, a 10 de março de 1763, ou seja, no dia seguinte à posse efetiva como secretário de governo, Cláudio formalizou uma série de providências, que já deviam estar em andamento desde algum tempo, para comprovar que, em outubro de 1760, havia sido nomeado procurador substituto da Coroa e da Fazenda. A certidão passada por José Antônio Freire de Andrade se perdera, foi necessário realizar inquirições, tomar o depoimento de testemunhas, movimentar oficiais nos cartórios. A 11 de março, o provedor da Fazenda Real José Gomes de Araújo, amigo seu dos mais chegados, deu sentença favorável sobre o pedido.

Gomes Freire de Andrade faleceu em 1º de janeiro daquele ano, e o novo governador, Luís Diogo Lobo da Silva, foi oficialmente nomeado por carta régia de 15 de junho de 1763. As providências tomadas por Cláudio em março tinham, com certeza, o fim de apresentar ao novo governante os serviços que vinha desempenhando na justiça e na administração da capitania para, com base neles, obter as remunerações de praxe, conformes ao uso da época. Luís Diogo chegou a Vila Rica e tomou posse em 28 de dezembro de 1763. O secretário o serviu até setembro de 1765, quando, contrariadíssimo, foi substituído por José Luís Saião.

Luís Diogo Lobo da Silva era homem afeito ao espírito pombalino e com vontade de acertar. Em Pernambuco tinha instaurado o Diretório, no final da década de 1750, e se empenhado na política dos aldeamentos indígenas. Em Minas, mandou, por exemplo, o padre Manuel de Jesus para os Sertões do Rio Pomba e Peixe a fim de criar a freguesia de São Manoel e missionar os índios coropós e coroatos. Manteve-se sempre sensível à questão dos índios, que obviamente não queria guerrear, mas *civilizar*, intuindo, talvez, que a pedra no meio daquele caminho podia ser a dizimação. Quando os aldeados vinham a Vila Rica com seu missionário, Luís Diogo os recebia no palácio de governo, distribuindo entre eles seu próprio dinheiro, "um tanto a cada índio", para assim "melhor os atrair".

O pombalismo e a influência da Ilustração já sensível em vários círculos cultos, poderiam ter unido o governador e o secretário. Não se sabe como nem por quê, mas as coisas não andaram nesse sentido: ambos conviveram, ao que parece, sem grandes arroubos de parte a parte. Cláudio chegou a tentar maiores aproximações, dedicar-lhe um poema, mas não encontrou acolhida, e, contrafeito ante o pouco êxito de suas iniciativas, riscou a dedicatória e a trocou por outra, em homenagem ao conde de Valadares, que em 1768 substituiria Lobo da Silva no governo de Minas. Teria de se resignar ao papel estrito de secretário, que parece desempenhou disciplinadamente, mesmo que no íntimo engolisse em seco por desperdiçar o talento em trivialidades. Em 18 de junho de 1764, por exemplo, redigia de próprio punho uma carta aos juízes da Câmara de Vila Rica ordenando, em nome do governador, que fornecessem às ordenanças a pólvora necessária às três salvas de praxe para a festa do Corpo de Deus, a realizar-se dentro de três dias, e cuidassem de convidar todos os cavaleiros professos na Ordem de Cristo.

Quando, em de agosto de 1764, governador e comitiva deixaram Vila Rica para um *giro* de quase quatrocentas léguas, percorrendo parte do centro-sudoeste e do sul mineiros e gastando, ao todo, três meses e dezoito dias, Cláudio foi junto e exerceu as funções de secretário sertão adentro. Lobo da Silva estava preocupado, como aliás toda a administração do Reino, com o decréscimo da arrecadação aurífera, e uma das providências que julgou acertadas foi fiscalizar pessoalmente a fronteira entre São Paulo e Minas e resolver, de uma vez por todas, as divergências que pesavam sobre os limites, já que, próximo deles, no Desemboque e adjacências, se haviam acabado de descobrir depósitos promissores de ouro.

A viagem, que no poema "Vila Rica" Cláudio qualificaria, anos depois, de "dilatada e aspérrima", atirou os letrados que compunham a pequena corte do governador — o secretário, um escrivão, o ouvidor da comarca do Rio das Mortes, o provedor da Fazenda Real, José Gomes de Araújo, entre outros — de encontro a um mundo desconhecido, no qual se alternavam as serras dentadas, os penhascos e precipícios, os rios grossos então um tanto minguados porque a estação, de propósito, era seca, os matos tão fechados que, para se atravessar, era preciso abrir no facão, demorando cerca de cinco dias para neles se vislumbrar um caminho.

Cláudio deixou a experiência registrada em relatos burocráticos aplicados, minuciosos e desprovidos de emoção. Esses escritos são atos de um homem de governo, uma das *personas* que compunham a figura do letrado. O impacto sobre o vezo criativo e a emoção deixou para o poema épico que deve ter começado a compor naquela altura e só terminou, ou deixou de lado, em 1773, mas que por ora não cabe examinar.

Desde os tempos de Gomes Freire e de José Antônio Freire de Andrade, seu irmão e interino, os governadores de Minas vinham distribuindo uma quantidade de sesmarias aos que as pediam, bastando que tivessem número de escravos condizente com o que determinava o regulamento de tais doações de terras. Os dois irmãos governadores chegaram a conceder mais de 2300. Luís Diogo ficou bem aquém, mas atingiu o número considerável de 362 doações. Em todos esses casos, bem como nos que ocorreram a seguir — o conde de Valadares distribuiria 443 entre os anos de 1768 e 1773 —, tratava-se de uma política sistemática voltada para a incorporação de novas áreas. Governo e civilização se espraiavam, abarcando matos e terras remotas onde antes homem branco quase não se aventurava. Cláudio, portanto, participou ativamente desse processo, e as marcas ficariam nele para sempre, tanto na obra — na qual expressaria cada vez mais, daí em diante, a tensão entre o mundo da natureza e o da cultura — quanto na prática, habilitando-o, em 9 de abril de 1769, a desempenhar as funções de juiz na demarcação de sesmarias.

Em setembro de 1765, deixou de ser secretário do governo da capitania de Minas Gerais. Saião, seu substituto, permaneceria no cargo pelos próximos quinze ou dezenove anos — há as duas informações nos documentos. Alguns historiadores afirmam que Cláudio ainda secretariou alguns dos governadores subsequentes, o conde de Valadares, d. Antônio de Noronha (1775-80) e até mesmo d. Rodrigo José de Meneses (1780-3). Não é, contudo, o que mostram os documentos: secretário, de fato, não seria nunca mais, e havia uma diferença fundamental — e dolorida — entre sua nomeação e a de Saião. Este recebeu o cargo por provisão régia, enquanto o de Cláudio foi conferido pelo governador da capitania.

Nos anos seguintes, sempre juntando certidões e mais certidões referentes a todo cargo ou função pública exercidos desde o tempo da almotaçaria em Mariana, empenhou-se em obter o ofício de procurador da Coroa e Fazenda. Alimentava um ressentimento desde o tempo em que ocupara interinamente o cargo, entre 1760 e 1762, e, em vez de ser confirmado pelo novo governador, o vira nomear Tomás Soares de Aguilar.

A obstinação em obter o cargo de procurador parece ter muito a ver com o fato de o grande amigo José Gomes de Araújo — o "Arúncio" dos poemas — ser, na época, provedor da Fazenda e, sobretudo, com a criação, naquele mesmo ano de 1765, da Junta da Administração e Arrecadação da Real Fazenda de Minas Gerais, que enfeixava considerável parcela de poder no nível da administração da capitania. Presidida pelo governador, era composta pelo ouvidor e pelo intendente de Vila Rica, contando ainda — daí o interesse — com o provedor e o procurador da Fazenda. Se o poeta ocupasse esse cargo e Arúncio continuasse exercendo o de provedor, delineava-se o perfil de um grupo de amigos a controlar parcela importantíssima do poder local. Na década de 1760, portanto, a luta movida por Cláudio para obter cargos era decorrência natural da rede que começara a tecer na Câmara, o outro órgão de destaque na gestão colegiada das Minas.

Mas a empreitada não seria fácil. Luís Diogo se havia incompatibilizado com José Gomes de Araújo, a animosidade acabando por respingar na relação com seu antigo secretário: em 30 de abril de 1766, o governador escrevia a Lisboa se queixando de ambos. Dois meses antes, tinha nomeado o dr. José Dias Rosas Maciel no ofício tão perseguido por Cláudio, e o ato acabou sendo decisivo para que se formassem duas facções: a dos apoiadores do governador no episódio, e a dos defensores do poeta, que procuravam reverter a situação.

A remuneração de procurador da Fazenda era incerta — a rigor, nem havia ordenado, apenas pequenas propinas advindas dos contratos da capitania — e a responsabilidade, muita, cabendo-lhe fiscalizar e regulamentar a arrecadação da Real Fazenda. Exibindo a massa de certidões comprobatórias pacientemente juntadas ao longo daqueles anos, Cláudio quis alterar as regras do jogo e requereu o ofício a título vitalício, com um altíssimo ordenado fixo por ano — 2 mil cruzados, ao que parece — e se valendo de argumento então corrente, segundo o qual o ofício absorvia tanto que inviabilizava qualquer outra atividade, ou seja, as de sua banca de advocacia.

Luís Diogo Lobo da Silva, entretanto, manteve-se inabalável na escolha e empossou José Dias Rosa Maciel por despacho de 6 de fevereiro de 1767, dando-lhe interinamente, dois meses depois, também o cargo de provedor da Fazenda, vago por morte de José Gomes de Araújo.

A novela continuou no governo seguinte: Valadares chegou a nomear Cláudio — parece ironia — procurador substituto nos impedimentos de Rosa Maciel, e repetiu-se, de novo, a hesitação entre um e outro bacharel, conforme pode ser constatado numa carta de Valadares ao rei em dezembro de 1769. A balança pendeu para Rosa Maciel devido a sua maior experiência burocrática, e um dos que opinaram decisivamente no episódio foi o provedor da Fazenda João Caetano Soares Barreto, num parecer muito elucidador: à medida que a capitania se tornava mais complexa, os papéis sociais também se diferenciavam cada vez mais.

João Caetano Soares Barreto dizia que "a capacidade e literatura" do dr. Cláudio Manuel da Costa era bem conhecida de todos, e não só nos "estudos de direito", mas igualmente no de outras ciências, seguindo sempre o ensinamento dos melhores autores, "e mais modernos". "Creio que nesta capitania não há quem o exceda", prosseguia o provedor: só aceitava causas justas, consoantes às leis do Reino, rejeitando todas as que só se poderiam defender com sutilezas e artimanhas. Rosa Maciel, por sua vez, ia servindo bem ao rei e tinha muito conhecimento prático sobre os negócios referentes à arrecadação da Fazenda Real, sem falar na experiência somada com o serviço interino na Provedoria quando da morte de José Gomes, que justamente Soares Barreto viera substituir. Enfim, concluía, um tinha "maior literatura", mas o outro era "serventuário sem erro" e era digno.

Pode ser, como sugeriu o estudioso português Manoel Rodrigues Lapa, que uma imprudência cometida por Cláudio anos antes tivesse pesado nessa sequência de preterimentos e insucessos. Em 4 de dezembro de 1760, os oficiais da Câmara de Pitangui tinham se queixado a Gomes Freire de Andrade dos desmandos e arbitrariedades cometidos pelo vigário da vara da freguesia de Pitangui, padre Caetano Mendes de Proença, bem como do capitão-mor da Vila, Antônio Dias Teixeira das Neves. O governador mandou instaurar uma *devassa* — nome que então se dava a investigações oficiais — concluída em 25 de fevereiro de 1766: cinco anos depois, portanto. O desembargador responsável pelo caso, Manuel da Fonseca Brandão, apurou que, municiado por informações fornecidas pelo vigário paroquial Antônio Pereira de Azevedo, uma mesma pessoa havia escrito duas exposições, uma contra o vigário da vara e outra contra o capitão-mor: essa pessoa era Cláudio Manuel da Costa. Gomes Freire mandou prender o vigário Azevedo, que ficou encarcerado alguns meses em Vila Rica, mas a verdade mesmo só veio à tona em maio de 1766, quando Cláudio, num interrogatório, confessou a autoria dos textos. Deve ter provocado espanto que um dos principais advogados de Vila Rica se imiscuísse em "mesquinhas intrigas locais", que um homem envolvido na administração e na justiça andasse "atiçando ódios e fomentando a desordem", como ajuizou Rodrigues Lapa. Certamente se especulou sobre o motivo da ação: interesse venal? Fraqueza de caráter?

Talvez um pouco de cada coisa, difícil saber. Mais evidente parece o fato de Cláudio, no final da década de 1760, ser publicamente tido antes como homem de letras do que como burocrata: o significado anterior do letrado, que somava atividade literária e burocrática, poesia e leis, ia se alterando consideravelmente.

13. Primeiro advogado

Os documentos que narram o quiproquó de Pitangui atestam o quanto o advogado Cláudio Manuel da Costa era considerado nas vilas mineiras durante a década de 1760. Dez anos depois de ter regressado de Coimbra e se estabelecido na terra natal, tinha feito nome e consolidado a fama.

As Câmaras funcionavam como tribunal de primeira instância para as causas cíveis e criminais, nelas atuando o juiz ordinário, um entre os *homens-bons* do lugar, onde deveria inclusive residir. Não precisava ser formado em leis: administrava as sentenças que, por apelação, iam para o ouvidor — este sim um magistrado, responsável, em segunda instância, pela justiça da sua comarca, e eram quatro as existentes nas Minas: Ouro Preto, com sede em Vila Rica e a principal delas; Rio das Velhas, com sede em Sabará; Rio das Mortes, cuja cabeça era São João del Rei, e Serro Frio, comandada pela Vila do Príncipe. Os tribunais de terceira instância situavam-se fora das Minas: a Relação da Bahia e, a partir de 1763, também a do Rio de Janeiro. Em geral, só depois de passar pelas Relações da Colônia é que as sentenças subiam para a Casa de Suplicação, em Lisboa. As causas referentes à justiça régia eram tratadas por ministros subordinados à Coroa — como os procuradores — e conheciam trâmite distinto.

Cláudio atuou muitas vezes nos auditórios das Câmaras, sendo, aliás, um dos advogados mais requisitados de seu tempo em Vila Rica, se não o mais de todos, havendo registro de que acompanhou 68 ações judiciais. Pertencia à geração formada antes da Lei da Boa Razão (1769), que procuraria racionalizar o sistema jurídico português, defendendo o recurso às leis do Reino e ao direito natural: ele, ao contrário, se formara em direito canônico e aprendera a invocar as autoridades antigas em citações prolixas. Sua biblioteca, considerável para o tempo e lugar, contando entre as três maiores encontradas junto aos advogados de Mariana e de Vila Rica na época, revela a formação jesuítica e escolástica, não sendo muitos os livros afeitos ao espírito das Luzes. Estes se encontravam, por exemplo, entre os do contratador Queiroga, já mencionados, ou entre os de homens de letras propriamente ditos, como José Pereira Ribeiro — dono da maior biblioteca que um advogado possuía na região — ou o cônego Luís Vieira da Silva, proprietário do maior conjunto de livros de que se tem notícia em Minas no século XVIII. Cláudio — conforme mostrou o importante estudo de Álvaro Antunes — tinha uma biblioteca marcada pela preocupação profissional, capaz de atender a sua necessidade prática de lidar com leis e distinguir as referências literárias que eram feitas nos autos e nas audiências. Entre os 66 títulos que foi possível identificar até agora — há 24 sem identificação clara da obra ou do autor, e outros tantos mencionados simplesmente como "livros" —, 39, ou seja, mais da metade, correspondem a trabalhos de leis e de direito canônico.

Ali estão diferentes edições das Ordenações do Reino, inclusive as Filipinas, em vigor na época, bem como comentadores delas; uma coleção das leis do tempo de d. José i; as constituições do arcebispado da Bahia; o tratado de direito civil e comum de Antônio Gomes, que remonta a meados do século xvi; a *Prática criminal*, de Manuel Lopes Ferreira, que era autor contemporâneo e formado em direito canônico; mais de uma obra de Álvaro Valasco, sobre direito enfitêutico e sobre legislação portuguesa; o livro de Mateus Homem Leitão sobre o direito português; a *Orphanologia practica, em que se descreve tudo o que respeita aos inventarios, partilhas, e mais dependencias dos pupillos*, de Antônio de Paiva e Pona; os *Commentarii de nobilitate et jure primigeniorum*, de André Tiraqueau, o famoso amigo e protetor de Rabelais. Há também vários canonistas: Miguel de Caldero, Sevalino, Agostinho Barbosa, Melchior Phebo, Benedito Cardoso Osório. E lá se encontra um tomo de Antônio Vanguerve Cabral, que deve ser a *Prática judicial muito útil e necessária para os que principiam os ofícios de julgar e advogar e para todos os que solicitam causas nos auditórios de um e outro foro*. Vanguerve era autor adotado nos cursos da universidade reformada de Coimbra; mesmo tendo se formado em outros tempos, e nos quadros do direito canônico, Cláudio evitava o palavrório oco e o amparo cômodo nos grandes doutores antigos, e se abria à renovação.

É essa a impressão que fica também da análise dos processos instruídos por ele, em que muitas vezes recorreu ao direito natural e ao costume, como aconteceu em 1787, numa ação envolvendo litígios em torno de terras minerais ao longo do córrego São Lourenço, na freguesia de Guarapiranga — na qual, como se viu, viveram seus avós e cresceu sua mãe, Teresa Ribeiro de Alvarenga. Numa audiência verificada na casa do ouvidor Tomás Antônio Gonzaga — não havia, na época, separação nítida entre os espaços públicos e os privados —,

João Duarte Pinto pedia o embargo do desmonte de uma cachoeira localizada em terras do réu, Carlos Pinto Brandão, por lhe entulhar os serviços minerais de rio abaixo. Cláudio era advogado do réu e concordou que as atividades mineradoras de João ficavam, de fato, um tanto prejudicadas, mas ponderou que "em Direito, deve o prédio inferior servidão ao superior", e com isso o réu ganhava força de precedência na localidade, porque seus antecessores conservavam a posse da data mineral havia já quarenta anos — o tempo então necessário para se reconhecer como tal a posse de um terreno. O advogado da outra parte retrucou que a lei tinha mais força que a natureza e a antiguidade, invocando a opinião de doutores. Cláudio contra-argumentou, apelando de novo para a antiguidade da posse do terreno, para o direito comum e para a prática dos mineiros, que conhecia como a palma da mão por ser minerador ele também. Sua invocação do costume remete ao uso que a Lei da Boa Razão fazia do direito natural quando alegava que, na falta de lei específica, a razão natural servia de direito subsidiário.

Cláudio aliava, portanto, o uso do direito comum e da prática dos mineradores com a Lei da Boa Razão. Fortalecia seus argumentos enquanto observava os costumes locais: foi, inclusive, advogado de várias causas envolvendo problemas relativos à lida aurífera, tais como a posse, demarcação e extração de terras minerais. Na época, a administração e o controle das águas couberam às Câmaras e ocuparam, sobretudo em Mariana e Vila Rica, um papel importantíssimo nas tensões havidas entre as elites locais. A partir da experiência adquirida como *homem-bom* em sucessivas vereanças, tornou-se perito em causas que envolviam a posse das águas e que, em última instância, remetiam ao controle político das riquezas da região.

Na vida pessoal, também se dividiu entre a lei e o costume. As normas do Reino determinavam que os bacharéis portugueses em serviço no Império não deveriam se casar com mulheres da terra, apesar de tais determinações muitas vezes ficarem apenas na letra. Desembargadores da Relação da Bahia se casaram com moças da região, como viu o historiador norte-americano Stuart Schwartz. Gonzaga estava prestes a obter licença para se casar com Maria Doroteia Joaquina de Seixas quando foi preso sob acusação de crime de lesa-majestade — a inconfidência de 1789. Outros deixavam as mulheres no Reino e aqui se uniam a moças locais, como o desembargador José João Teixeira Coelho, que chegou a Minas em 1768 junto com o governador conde de Valadares e teve ao menos duas amantes públicas: Josefa Fidélis Molina de Velasco, filha do secretário do governo, José Luís Saião, e vinte anos mais jovem que ele, e "Antônia do Gualaxo", filha de Antônio Gonçalves Torres, coronel do Regimento de Cavalaria ligeira auxiliar de Mariana. Teixeira Coelho obedecia à lei e se arranjava como podia com as moças do lugar, que mesmo quando de boa família não seriam, sob sua ótica, para casar — caso ele fosse solteiro.

Cláudio, que não era português e sim luso-brasileiro, nunca se casou. Mas viveu, por trinta anos, com Francisca Arcângela de Sousa. Nada se sabe sobre aventuras suas: Francisca Arcângela, que nasceu escrava e, tudo indica, obteve alforria quando deu à luz o primeiro filho de Cláudio, foi a companheira de sua vida toda, mãe de seus cinco filhos, o costume, no caso, suplantando largamente a lei.

A dupla atuação como homem de lei e de governo consolidou uma posição social que já era destacada e engrossou bastante o legado pecuniário que havia recebido do pai. Entre os advogados de Mariana e Vila Rica, era dono do segundo maior plantel de escravos do grupo, contando também entre os que possuíam mais propriedades fundiárias. Grupo composto majoritariamente de portugueses que tinham vindo tentar a sorte nas colônias: Cláudio era dos únicos nascidos nelas, podendo assim melhor usufruir o que seus pais já haviam conquistado.

Sua folga econômica havia sido construída ao longo dos anos, a década de 1760 sendo, ao que tudo indica, decisiva nesse percurso. Quando Luís Diogo Lobo da Silva lançou pela primeira vez a *derrama* em Minas Gerais, Cláudio pagou, a 28 de julho de 1764, 40$000 réis em barras de ouro à Real Casa de Fundição de Vila Rica. Em 1771, tornou-se advogado da Ordem Terceira de São Francisco de Assis, o que lhe rendia sessenta oitavas, ou 72$000 réis anuais. No fim da vida, era o principal advogado dos contratadores, que, prósperos ou endividados, representavam a plutocracia local. O sequestro de seus bens mostra que era credor de uma considerável rede de clientes e apaniguados. Não apenas porque gostasse de dinheiro, apesar de ficar claro que gostava. Mas porque o dinheiro comprava livros, conforto, e ajudava bastante na obtenção da honra e estima social.

14. Dinheiro e serviço

Havia em Portugal, desde a Idade Média, três principais ordens militares: a de Avis, a de Santiago e a de Cristo. Eram corporações próprias a uma sociedade hierárquica ao extremo, baseada no privilégio e não na igualdade, na segregação e não, obrigatoriamente, na incorporação. As ordens militares premiavam o bom vassalo e o bom cristão, mas também o distinguiam dos comuns: não eram organismos generosos e agasalhadores, mas restritivos e dados à exclusão. Gente que trabalhava com as próprias mãos não entrava, bem como quem tivesse qualquer sombra de *raça infecta* em sua ascendência: mouro, judeu, negro, índio.

Quando alguém era admitido no seio de uma dessas ordens, dizia-se que havia recebido o *hábito* dela. A honraria era simbólica mas também material; era para os homens que haviam se distinguido tanto em feitos de armas como em outras ações dignas de nota, nas letras, no governo, na religião. Os agraciados poderiam até ostentar um traje especial, mandado fazer conforme seu gosto: por *hábito*, entretanto, se entendiam a insígnia das ordens, a cruz, o colar, a medalha. Havia gradações: nem todos os cavaleiros de Cristo tinham o mesmo nível; afinal aquela era uma sociedade cortada por hierarquias. E havia a remuneração: a distinção trazia consigo benefícios pecuniários, a *tença*, variável ela também.

Na prática e ao longo do tempo, porém, tudo ia se mostrando mais flexível. Boa parte dos vassalos do vasto Império português jamais poderia observar as restrições impostas à obtenção do hábito, e a Coroa começou a aceitar compensações. Quem não tivesse sangue imaculado — como tê-lo num Império mestiço? — ou ausência total de *defeito mecânico* — como então se designava o exercício do trabalho manual — podia oferecer à Coroa vantagens pecuniárias, pagando marinheiros para as armadas ou — situação que se tornou bem comum nas Minas, ao longo do século XVIII — apresentando ouro nas casas de fundição. Com este último dispositivo, a Coroa procurava, a um só tempo, diminuir o contrabando, facilitar a formação de uma nova elite e carrear recursos para seus cofres.

Por volta dos 34 anos de idade, quando já tinha fama de poeta talentoso, estabelecera vínculos com a municipalidade tanto de Mariana como de Vila Rica e advogava com desembaraço pelos auditórios de ambas as aglomerações urbanas, Cláudio Manuel da Costa achou por bem pedir o hábito de Cristo.

Desconfiou que o nascimento poderia apresentar problemas. Ele era filho legítimo, os pais haviam sido gente honrada e conhecida na região, sempre vivendo do trabalho de escravos e sem exercer atividade mecânica com as próprias mãos, mas os avós portugueses viveram de arar o campo, dele tirando o sustento, tendo inclusive havido um deles que vendia azeite, carregando os odres nas costas. Valendo-se do alvará régio de 1751, segundo o qual os vassalos que fundiam ouro desempenhavam serviços análogos aos dos que se batiam pelo Reino em terra e no mar, Cláudio levou seu metal à casa de fundição de Vila Rica — mais de oito arrobas, que equivaliam a 120 quilos — e solicitou a mercê que aprouvesse ao monarca, fórmula de praxe em pedidos do gênero. Apesar de não se ter ainda localizado a data certa desse primeiro pedido, tudo indica que seguiu para Lisboa entre meados de 1763 e o início de 1764.

O pedido de Cláudio não era mero fruto da vaidade, nem um ato isolado. Fazia parte da estratégia montada por seus pais e que havia norteado a criação dos filhos homens: prezar o conhecimento e o valor pessoal para alcançar a honra e a estima, que a sociedade de então cortejava tanto. João Gonçalves trabalhou duro para conseguir uma vida confortável segundo os padrões da época, e deve ter tido na mulher um apoio precioso: os traços que ficaram dela nos documentos sugerem que era companheira ativa, e não simples figurante na vida e nas decisões do marido. Por isso, assim que os filhos alcançavam a idade mínima para se poderem passar sem pai e mãe, o casal os despachava, primeiro para o Rio, depois para Coimbra.

Do irmão mais velho, Antônio, não foi possível levantar a pista: a única referência existente sobre ele é do próprio Cláudio, que em 1759 o mencionou na pequena biografia enviada à Academia Brasílica dos Renascidos a fim de se tornar sócio supranumerário. Lá está o irmão como sendo o mais velho de todos, Antônio de Santa Maria dos Mártires, vivendo no Real Mosteiro de Santa Cruz de Coimbra. Cláudio, que chegou ao Reino para estudar em 1749, menciona um segundo irmão, João Antônio da Costa, morto em Coimbra ao longo da década de 1750. Desde 1751, Francisco de Sales, que seria o quarto da irmandade, vivia no convento da Santíssima Trindade de Lisboa como sacerdote, pregador e lente de teologia, tendo obtido em Coimbra o grau nesta matéria. José Antônio, que assinava Alvarenga de Barros Freire, nasceu em 1736 e trinta anos depois, já taludo, cursava, segundo algumas fontes, a Instituta, alcançando a formatura em Leis em 25 de julho de 1769. Se essa e outras referências esparsas são confiáveis, o moço tardou a seguir para Coimbra porque, antes de estudar, atuou em Mariana como guarda-mor substituto.

Na década de 1760, Cláudio, frei Francisco e José Antônio deram entrada em pedidos capazes de lhes acrescentar a honra e, eventualmente, as finanças. Sabe-se lá se o pedido de um puxou o pedido do outro ou se combinaram os três que iam, juntos, dar sequência à estratégia de promoção social pacientemente urdida desde o tempo dos pais. Sabe-se lá, da mesma forma, se o fizeram incitados pela matriarca Teresa Ribeiro de Alvarenga, enérgica e ainda bem viva, pois que, em abril e em novembro de 1768, enterrou no cemitério da capela de Nossa Senhora da Conceição da Vargem duas de suas escravas, a inocente Quitéria e a adulta Isabel.

No início de 1764, ao mesmo tempo que chegava ao Reino o pedido de Cláudio, já corriam as inquirições de testemunhos que deviam dar notícia de frei Francisco de Sales a fim de habilitá-lo ao cargo de qualificador do Santo Ofício da Inquisição. Para ser aceito, devia provar, como no caso do hábito de Cristo, limpeza de sangue, mas sobretudo vida exemplar, conforme ao que mandava a Igreja. Ser qualificador, além disso, não era para qualquer um: muitos queriam, poucos podiam. Só os religiosos cultos e versadíssimos em teologia conseguiam chegar lá, porque o qualificador era, antes de tudo, uma espécie de juiz, chamado a opinar quando os simples inquisidores tinham dúvidas sobre a natureza do delito que examinavam: se uma visão era santa ou demoníaca, se uma proposição era herética ou conforme à doutrina, se determinadas palavras, proferidas em determinadas circunstâncias, haviam sido inspiradas por fé sincera ou tentação do Diabo. Com trinta e poucos anos, portanto, Francisco de Sales já era um especialista destacado em matéria de religião, o que o habilitava a pedir um cargo importante, honroso e, caso fosse chamado a atuar dentro do Tribunal da Inquisição, razoavelmente rentável.

José Antônio de Alvarenga, por sua vez, embarcou para Lisboa em 1766 a fim de resolver as pendências que envolviam seu pedido de um hábito de Cristo: como Cláudio, queria ser cavaleiro professo e, para agilizar os trâmites, pediu que as *provanças*, ou seja, as investigações dirigidas à comprovação da limpeza de sangue e bons costumes se fizessem com base no princípio da "pátria comum", ou pátria comua, como então se dizia: que Portugal, portanto, fosse considerada sua pátria tanto quanto o era de seu pai e avós paternos. A pressão surtiu efeito, e o irmão caçula foi o primeiro a se beneficiar, recebendo o hábito em 22 de agosto de 1766.

José Antônio não parou por ali: em agosto de 1776, pedia o cargo de familiar do Santo Ofício, ou seja, queria fazer parte da rede mais ou menos informal de indivíduos que prestavam serviços à Inquisição, inclusive delatando hereges e malprocedidos em questões de fé. Parece que não foi atendido, e terminou seus dias como advogado em Olinda, capitania de Pernambuco.

Numa ordem que invertia a do nascimento, o segundo a obter o que queria foi frei Francisco de Sales: em 16 de novembro de 1770, com cerca de 37 anos, tornou-se qualificador do Santo Ofício.

O pedido de Cláudio, o mais ilustre entre os três irmãos, foi o que percorreu o caminho mais tortuoso. Tudo indica que o poeta começou a pedir quando era secretário de governo, imediatamente após ter levado o ouro à casa de fundição, mas o primeiro documento a atestar os trâmites do processo é uma consulta do Conselho Ultramarino datada de 10 de dezembro de 1767. Em meados do ano seguinte, o rei d. José I lhe concedia o hábito de Cristo com 12$000 réis de *tença* — como se designava a remuneração concedida junto com a honraria —, mas era preciso que a Mesa de Consciência e Ordens, tribunal encarregado de julgar semelhantes questões, aquiescesse, dando a última palavra na matéria: se a primeira etapa era obter a mercê do hábito, a etapa seguinte era a habilitação, feita pela Mesa. Para facilitar as coisas e agilizar o processo, Cláudio seguiu os passos de José Antônio e pediu que as investigações se fizessem com base no princípio da pátria comum. O rei concordou, as inquirições seguiram seu curso, rápidas, mas a Mesa de Consciência não ficou convencida: a 2 de maio de 1770 considerou o bacharel indigno de entrar para a Ordem de Cristo. O avô azeiteiro e a avó "de segunda condição" não haviam pesado para os irmãos, mas pesaram sobre ele. Mistérios?

Cláudio não se conformou. Alegou que os defeitos não se referiam a sua pessoa, nem às pessoas dos pais, mas às dos avós. Não achava certo que o demérito de outros eclipsasse "os serviços próprios", por ele desempenhados com zelo e disciplina: invocou a formação de bacharel em Coimbra — era letrado, afinal —, o irmão já cavaleiro de Cristo, os quase vinte anos de serviços prestados ao rei, na vereança da Câmara, na procuradoria da Fazenda, na secretaria de governo.

Em setembro de 1770, a Mesa dispensou "gratuitamente" Cláudio Manuel da Costa dos defeitos dos avós, ou seja, isentou-o do pagamento de qualquer multa pecuniária. Em começo de outubro, passava-se a certidão que atribuía ao poeta o hábito de Cristo.

Quase sempre os estudiosos do passado consideraram o episódio sob a dupla perspectiva da derrota e da vergonha. Entenderam mal os mecanismos que permitiam ao minerador abastado obter o hábito mediante a fundição das oito arrobas, e viram na alegação do defeito mecânico um motivo de vergonha para o poeta. Pode ser que Cláudio tenha de fato amargado certo travo de derrota, sentindo-se um tanto avexado, mas não muito. Ia aprendendo a entender o mundo no qual nascera, com sua mistura de nascimento e valor pessoal, honra e dinheiro, e ele mesmo já não mais hesitava em misturá-los. Afinal, começara a pedir o hábito com base na lei que reconhecia a mineração como serviço legítimo ao rei, tão merecedor das mercês quanto as velhas feridas nas batalhas de outrora. Quando viu o pedido recusado, puxou a folha corrida dos serviços prestados nas imediações do governo, invocando um outro tipo de merecimento. Pôs os ovos em duas cestas diferentes porque intuía que os tempos eram de mudança.

O desfecho, afinal, pode ser visto como de vitória. Não só para ele como para os irmãos.

A análise dos interrogatórios feitos ao longo da década de 1760 nos diferentes lugares onde se podiam obter informações que comprovassem a limpeza de sangue e bons costumes de José Gonçalves e Teresa Alvarenga é muito interessante e esclarecedora. Revela que os parentes portugueses, os irmãos, primos, tios espalhados por São Mamede das Talhadas — terra da mãe de João Gonçalves — e por lugarejos pertencentes à freguesia de São Miguel de Ribeiradio, no bispado de Viseu — de onde provinha o pai, Antônio Gonçalves — eram gente humílima, quase sempre analfabeta, imersa num mundo arcaico e desprovido de perspectivas, como que boiando fora do tempo.

Em São Miguel, em meados da década de 1760, morava um primo-irmão do pai de Cláudio, homônimo dele: esse João Gonçalves que ficou na aldeia de origem tinha cerca de cinquenta anos, vivia como lavrador no local das Arcas, ou Areias, e, assim como a irmã Domingas Gonçalves, era, sintomaticamente, analfabeto. Em São Mamede das Talhadas, terra natal da mãe de João Gonçalves e para a qual o velho Antônio Gonçalves se havia mudado ao casar, restavam ecos e lembranças do tempo em que o jovem aventureiro partira para as colônias em busca de melhor sorte, mandando, vez ou outra, cartas sobre a vida nas Minas e, possivelmente, se jactando dos progressos obtidos: João Gonçalves sabia escrever, talvez até por isso havia conseguido certo sucesso, tivera a ousadia de soltar as amarras que o prendiam àquele mundo imóvel. As cartas do "brasileiro" deviam ser lidas em voz alta nos serões, conforme costumava acontecer em meio de iletrados: nenhum dos sobrinhos dele, primos portanto dos doutores Cláudio Manuel da Costa e José Antônio de Alvarenga, bem como do frade trinitário Francisco de Sales, sabia ler ou escrever em 1766 e 1767, quando ali se fizeram as inquirições sobre a limpeza de sangue da família.

Um contraste flagrante: no Reino, os que ficaram seguiram integrando comunidades de lavradores analfabetos; nas colônias, os membros da segunda geração se tornaram homens importantes e cultos, depois de estudar nos colégios jesuíticos e em Coimbra. Não há dúvida de que o Império possibilitava a ascensão social, fosse pelos serviços burocráticos nas conquistas, fosse, como era mais corrente no caso do Brasil, devido às perspectivas de exploração econômica abertas pela colonização. Muito deve ser atribuído, contudo, ao projeto traçado pelo casal Gonçalves da Costa, os pais de Cláudio e seus irmãos: com recursos econômicos razoáveis e uma boa rede de relações — todos os que depuseram em Lisboa e eram amigos próximos do casal pertenciam a grupo socialmente diferenciado, entre eles João Fernandes de Oliveira, homem riquíssimo —, deram o primeiro passo da ascensão social, mas apostaram na educação e no conhecimento. Cinco filhos em Coimbra, três dos quais se tornaram destacados a ponto de poder pedir mercês e recompensas, por merecimento.

15. Viagem dilatada e aspérrima

Até 1764, Cláudio Manuel da Costa tinha cruzado as terras do interior da América portuguesa por duas ocasiões: primeiro, quando, menino ainda, desceu as serras da Mantiqueira e do Mar para ir viver com os jesuítas do Rio de Janeiro; anos depois, já homem, quando voltou de Coimbra munido do diploma de bacharel e hesitando se virava padre ou advogava. De qualquer modo, seu destino ia se traçando nos núcleos urbanos, eram citadinas as suas vocações, como era basicamente citadino o perfil do letrado de então. A contingência o fizera também fazendeiro e minerador, o pai morto e ele tendo de tomar as rédeas dos negócios da família. Naquela época e lugar, o urbano se misturava com o rural, a vila ia se tornando roça ou mato quase imperceptivelmente. Mas uma coisa era essa convivência meio promíscua entre a borda das vilas e a borda dos matos; as cavalgadas por estradinhas ermas durante três, quatro horas. Outra era se aventurar no coração dos matos, atravessar o sertão sem fim que avançava, dizia-se, até o mar, ou se internava continente adentro até o Peru.

Por isso foi tão extraordinário o que se passou com Cláudio entre agosto e dezembro de 1764, quando, na qualidade de secretário de governo de Luís Diogo Lobo da Silva, teve de acompanhar o governador por quase três meses, numa longa viagem que percorreu parte considerável do território mineiro. Imerso, como já se encontrava, na estratégia de obter mercês, obcecado com o seu virtual hábito de Cristo, deve ter ponderado que o sacrifício valeria a pena, contando pontos em seu favor. Além disso, na viagem ia também seu querido amigo José Gomes de Araújo, procurador da Fazenda, o "sábio e reto ministro" que figura num "Romance" escrito pelo poeta em seu louvor, e personagem ainda de outros poemas, sempre sob o criptônimo de "Arúncio".

Assim como Cláudio, Lobo da Silva ainda não tinha se arriscado pelo sertão, a não ser na subida das serras, vindo do Rio para tomar posse na matriz do Pilar em Vila Rica. Arúncio, ao contrário, tinha alguma experiência com a travessia dos matos fechados. Se é verdade o que diz o "Romance" — como então era denominado certo tipo de poema narrativo —, já pisara "das Minas as montanhas toscas" e, "sem temer as distâncias e os perigos", seguira até os matos do Paracatu "por ásperos sertões, empresa heroica". Naquela época, Paracatu era um fim de mundo, zona mineradora das mais recentes, apenas dotada de administração e justiça em meados da década de 1740. Arúncio, portanto, deve ter sido bom conselheiro na viagem, que também contava, obviamente, com guias e homens mateiros bem experientes.

Era grande, então, o medo de se afastar das vilas e entrar pelo mato. Medo amplificado por relatos apavorantes e, sobretudo, pelo desconhecido, representado pelos espaços imensos, numa região vasta e ainda pouco percorrida pelos homens do governo e mesmo pelos colonizadores. Desconhecido constituído ainda dos tipos de gente que vagavam longe da lei e do mando: ciganos, vadios, criminosos em fuga, índios arredios à catequese e ao contato, negros aquilombados.

Índio e negro nem se sabia ao certo se eram homens como os outros, dizia-se então.

Para se ter uma ideia, ainda em 1775, na altura em que Cláudio terminava seu poema "Vila Rica", marcadíssimo pela viagem de 1764, um relato sertanista sobre a região do rio Doce caracterizava o botocudo como vivendo só do corso e da rapina, e tendo por caça preferida "as criaturas racionais", que, "contra o direito natural das gentes", eles procuravam matar para as comer. "O botocudo", continuava o documento, "observa inteiramente três diabólicos sistemas, que são: ou matar, ou morrer, ou fugir; e de nenhuma sorte entregar-se." Eram "monstros", "feras selvagens" que, originários das cabeceiras do rio Jequitinhonha, "e pancada do mar", vinham avançando sobre as regiões ocupadas por sitiantes e vassalos laboriosos e, na época em que Lobo da Silva e sua comitiva iniciavam o giro pelo sertão, haviam chegado às imediações dos rios Sacramento, Matipão e Casca e atingido o ribeirão de Santa Rita, onde caíram sobre as povoações, destruindo tudo quanto viam.

Já os negros eram o esteio da vida econômica e, ao mesmo tempo, o maior dos inimigos, uma vez que estavam por toda parte e que não havia como não estar. Arranchavam-se pelas imediações dos arraiais e das vilas, descendo sobre elas de noite para roubar e fazer desordens, mas também para vender os mantimentos que plantavam, os diamantes que surrupiavam do garimpo, galinhas e porcos que criavam nos seus "quilombos". E quilombos, havia-os por toda parte em Minas, de todos os tipos e tamanhos, grandes e fortificados, como o Quilombo Grande e o do Ambrósio, pequenos, insignificantes, como as palhoças situadas ali onde terminava uma vila e começava a zona indistinta entre o casario e o mato.

Quando Cláudio voltou de Coimbra ainda se falava muito das expedições espetaculares organizadas contra os quilombos na segunda metade da década de 1740, no tempo de Gomes Freire e de José Antônio Freire, os governadores que, no início da década de 1760, dariam ao poeta-advogado os seus primeiros cargos na administração. Armaram-se naquela época verdadeiros exércitos, com canhões, carregamentos de munição e víveres, muitas centenas de soldados. O saldo foi de destruição e morte: as orelhas dos negros eram cortadas e enfiadas, aos milhares, em fieiras, que os capitães exibiam como troféu de guerra.

Verdade ou mentira, era o que corria, fustigando a imaginação mais ou menos apavorada dos que tinham de se aventurar mato adentro: medo, portanto, de gente, de bicho — havia tantos, onças, cobras enormes, mosquitos que transmitiam febres incuráveis —, e de gente que parecia bicho.

Como se disse em capítulo anterior, a expedição tinha o objetivo de conter os extravios de ouro e tentar definir a situação, bastante conflituosa, dos limites entre São Paulo e Minas, confusos e fluidos na região próxima ao rio Grande. Além disso, era uma forma de fazer que o governo, em corpo e em alma, envolvendo tanto a pessoa do governador como a simbologia que cercava o mando — as insígnias, a recitação em voz alta das ordens e determinações reais, os despachos e papéis escritos no local —, chegasse aos lugares mais distantes e isolados. Com o *giro* — como se chamou, com frequência, a viagem —, o governo ia se enraizando pelo sertão, os seus agentes dormindo em barracas quando faltava pouso mais cômodo, os ajudantes levando ferramentas para abrir uma picada quando o mato obstruía o avanço. O provedor José Gomes de Araújo carregava um cofre com 10 mil cruzados para a nova intendência de São Pedro de Alcântara e Almas. A Igreja ia representada nos vigários, pelo menos dois deles, nomeados para as paróquias de Jacuí e Cabo Verde.

A viagem, que Cláudio qualificou de "dilatada e aspérrima", percorreu umas quatrocentas léguas, ou seja, 2640 quilômetros. Saindo de Vila Rica no final de agosto, a comitiva se dirigiu a São João del Rei, onde o ouvidor da comarca do Rio das Mortes se integrou a ela. A 5 de setembro, seguindo pela conhecida picada de Goiás, começou a subir rumo ao centro da capitania, passando por Oliveira, Tamanduá, Formiga e pelos vários rios que engrossam a margem direita do Grande, cortando montanhas e matos fechados e infletindo em direção a oeste. Chegou bem próximo das regiões que, na década anterior, tinham assistido os enfrentamentos com índios caiapós e quilombolas, estes ainda vivendo por ali na época da viagem. Foi então se aproximando do rio Grande, na barra do Sapucaí, e cruzou o caudal para ganhar os sertões do Jacuí, onde Luís Diogo centralizou as atividades de governo no arraial de São Pedro das Almas. Dali, rumo ao sul, a expedição atingiu Cabo Verde a 7 de outubro, após algumas paradas pelos arraiais e muito trabalho para reabrir uma velha trilha. A seguir, cortando o rio Pardo, acompanhou a falda da Mantiqueira até Ouro Fino. Quando os homens entraram no vale do Sapucaí, as chuvas já começavam a engrossar. No final do mês, alcançaram Baependi e as picadas do Caminho Velho para as Minas, parando no registro de Capivari e tendo que fazer uma digressão e enfrentar a garganta do Embaú para chegarem, subindo a Mantiqueira, a Itajubá, já a 7 de novembro. Só no dia 25 entrariam em São João del Rei, e só a 3 de dezembro Cláudio estaria de volta a Vila Rica.

Mais de um especialista considera que a razão principal da viagem foram os arraiais mineradores do Jacuí, "espremidos entre os montes endentados à margem esquerda do rio Grande", e onde a mineração progredia em escala havia muito não vista na capitania. Reeditavam-se, ali, as características do primeiro povoamento das Minas, os paulistas despencando de Jundiaí pela picada do Cabo Verde e os mineiros acorrendo de Tamanduá. Na ausência de fiscalização mais efetiva, o ouro era desviado para o Desemboque, "terra de ninguém", como escreveu Sérgio Alcides, "entre São Paulo, Minas e Goiás". Uma das atribuições da expedição foi trocar o ouro em pó que ali corria por barras quintadas. Outra, não menos significativa, foi intimidar os poderosos locais e quebrar o controle privado daquilo que devia ser público: sempre seguindo Sérgio Alcides, a tomada de posse de Jacuí seria "o ato político mais importante do giro de Luís Diogo".

Cláudio participou diretamente dessa empreitada de interiorização do mando em zonas tão turbulentas quanto o haviam sido as dos primeiros tempos da capitania. Ali em São Pedro de Alcântara, redigiu, a pedido do governador, uma instrução minuciosa destinada a regular o patrulhamento cotidiano e o controle sobre o ouro. Chegado a São João del Rei, já no fim da viagem, lavrou o assento que descrevia o *giro* e relatava as medidas tomadas. Alegou depois ter feito toda a viagem às suas expensas, sem ajuda de custo, servindo-se de cavalos comprados ao longo do trajeto, passando as provisões dos ofícios que o governador ia criando e as cartas de sesmarias, destinadas a prender os colonos na terra, sem nada ganhar como remuneração pelo trabalho.

Em 1767, já fora do governo, empenhado na luta para obter o cargo de procurador da Fazenda e o hábito de cavaleiro da Ordem de Cristo, Cláudio viveu no sertão outra experiência decisiva. José Gomes da Silva, seu amigo íntimo, andava em diligências pelo interior, uma delas referente à liquidação de dívidas do contratador capitão Manuel Ribeiro dos Santos, vencendo cerca de quinze léguas — correspondentes a 99 quilômetros por dia. Caiu doente, talvez de febres, e teve de se hospedar em casa do vigário do arraial de Congonhas do Sabará, decidindo fazer testamento. Cláudio foi chamado às pressas, bem como o médico de "Arúncio", dr. Tomás de Aquino Belo Freitas, chegando a tempo de testemunhar, a 21 de março, o ato de aprovação do testamento e, a 2 de abril, enterrar o amigo na igreja local.

Durante a semana em que permaneceu junto ao leito do amigo moribundo, talvez Cláudio tenha começado a conceber a bela "Écloga V", escrita em sua memória e publicada no ano seguinte no Reino como parte das *Obras*. Poema marcado por vários "impossíveis", usados, conforme tradição literária que remonta à Antiguidade clássica, para expressar sentimentos tão fortes que parecem tornar absurdo tudo quanto faz parte do mundo natural — e sigo, aqui, a análise aguda do historiador Sérgio Buarque de Holanda. Cláudio, que na écloga é o pastor Frondoso, confessa ser mais fácil o trigo nascer no céu e as estrelas brotarem da terra do que esquecer o amigo morto: o primeiro entre os pastores daquele monte, o que dava as "justas leis no campo e no terreiro". As ninfas do rio Tejo — junto ao qual nasceu — e as do Mondego — que banha Coimbra, a cidade onde se educou — surgem reivindicando o direito de enterrá-lo, mas os pastores decidem que seu corpo repousará junto ao rio das Velhas:

> *O fado, que conhece inda o mais fundo,*
> *Quer que guarde seu corpo a turva areia*
> *De outro Rio, mais triste e mais profundo.*

O rio das Velhas não tinha ninfas, e assim as três velhas que lhe deram o nome, encontradas pelos primeiros desbravadores daquelas terras, são metamorfoseadas por Cláudio nas três parcas. Atrelado à tradição clássica, o sertão das Minas adquire a dignidade necessária para receber o corpo de Arúncio, o mais justo e estimado dos pastores. Um belíssimo soneto acompanha a écloga, invocando a constância e a vaidade, polos, como disse Sérgio Buarque de Holanda, da paisagem espiritual do Barroco:

Nada pode escapar do golpe avaro,
Alcino meu: que a Parca endurecida
Corta igualmente os fios de uma vida
Ao pastor pobre, ao cortesão preclaro.

Cresça embora esse tronco altivo e raro,
Ostentação fazendo mais luzida;
Viva embora entre humilde, entre abatida,
Essa planta, a que o nome em vão declaro.

Tudo há de achar o fim: bem que a vaidade
Em uma e outra glória faça estudo,
Nada escapa à fatal voracidade.

Eu, que chego a pensá-lo, fico mudo,
E só tiro por certo esta verdade:
Que, se Arúncio acabou, acaba tudo.

De volta a Vila Rica, Cláudio entrou na última fase de preparação dos poemas que vinha juntando, conforme depoimento seu, desde os tempos de Coimbra, *limando-os*, ou seja, voltando pacientemente aos versos, refazendo-os, melhorando-os até que atingissem o polimento ideal. Como as *Obras* foram publicadas em 1768, o poema sobre a morte de Gomes de Araújo deve ter sido dos últimos terminados antes de mandar o conjunto para o Reino.

Muito da poesia de Cláudio exibe a presença da paisagem mineira, ora mais evidente, ora mais camuflada, sendo necessário perscrutar através dos regatos, faias e demais citações de corte europeu para vislumbrar, lá no fundo, os penhascos que fizeram o berço onde nasceu, como expresso num de seus sonetos mais célebres. O impacto do sertão, contudo, provocou mudança radical no espírito do poeta: a possibilidade de metamorfosear a natureza local em matéria poética digna deve ter irrompido como um raio no seu espírito, talvez durante a viagem dilatada e aspérrima, talvez à beira do leito de Arúncio moribundo. Daí em diante, Cláudio passaria a oscilar com frequência cada vez maior entre as imagens mais convencionais da natureza europeia, ditadas pelos cânones, e as que dançavam na sua imaginação, vindas dos matos, montes, rios grossos e dos descampados que tinha percorrido com a comitiva de Lobo da Silva.

Em dezembro de 1768, quando saudou em versos o novo governador, conde de Valadares, o dilema entre o rústico e o civilizado apareceria em várias passagens desse conjunto poético, que constituiu uma espécie de academia efêmera, "O parnaso obsequioso":

Enfim tudo é delícia
Na opulenta região das áureas Minas:
E tu, ó bom Menezes,
Desses troncos incultos, dos penhascos
Mais hórridos, mais feios,
Dos queimados Tapuias
Fazes pulir a bárbara rudeza,
Fazes domar a natural fereza.

A partir daí, Cláudio abandonou a lima e se entregou à febre, à obsessão de dar forma final a um épico que relatasse os primeiros tempos das Minas, tumultuados e arredios ao controle da justiça e do Estado, como os arraiais que ele vira no sertão do Jacuí. Um poema que falasse do choque entre barbárie — os índios comedores de carne humana, os negros fugidos, os animais semimonstruosos, como a sucuriú que aparece no canto III do "Vila Rica" — e civilização, esta representada pelos agentes reais que distribuíam o prêmio e o castigo, dando o tom e a norma a serem seguidos, sempre buscando a prudência antes de usar a força, como dito no canto VII:

> *Estamos, disse, em uns países novos,*
> *Onde a polícia não tem inda entrado;*
> *Pode o rigor deixar desconcertado*
> *O bom prelúdio desta grande empresa.*
> *Convém que antes que os meios da aspereza*
> *Se tente todo o esforço da brandura.*

Governantes que, no poema, Cláudio enumeraria, dando-lhes a feição dos heróis civilizadores ao mesmo tempo que atribuía o sucesso de suas obras ao apoio que obtiveram de outros homens heroicos, os paulistas afeitos à vida do mato:

> *Logo uns homens se veem, que vão rompendo*
> *Com intrépida força o mato horrendo,*
> *Nus os braços e os pés, mal socorridos*
> *Do necessário à vida: estão metidos*
> *Por entre as feras, e o gentio adusto;*
> *Cada um de si só, perdido o susto,*
> *Se embosca ao centro dos sertões, se entranha*
> *Já pelo serro, já pela montanha;*
> *Uma e outra distância gira em roda,*
> *E deixa descoberta a extensão toda.*

O "Vila Rica" consumiria a força criativa do poeta nos cinco anos seguintes, e talvez até um pouco mais. Por volta de 1774, tudo indica que estava terminado: exorcizou a experiência do sertão, o medo da natureza bruta e inesperada, tão diferente da paisagem plácida dos pastores arcádicos. Uns dizem que ficou inacabado, pois os versos irregulares e muitas vezes feios não combinam com o cultor obsessivo da forma que aparece nas *Obras*, sobretudo nos sonetos, perfeitíssimos. Outros acreditam que o poeta o terminou sim, mas não gostou dele, tomou-lhe nojo, daí engavetá-lo, praticamente pronto para a impressão, com dedicatórias e prólogo, conforme observou Sérgio Alcides.

Se vale o que escreveu o grande poeta italiano Vittorio Alfieri, para quem a lima era tédio, e a criação era febre, o "Vila Rica", parece-me, sempre se mostrou irredutível à *lima* porque nasceu febre e nunca conseguiu digerir bem o jorro criativo nascido do choque entre realidades conflitantes. Brotou da perplexidade de um homem teimosamente afeito à civilização e, ao mesmo tempo, capaz de perceber que a barbárie — ou o que ele entendia por tal — era mais do que a sua antítese: era sua alma gêmea. Talvez Cláudio nunca tenha se identificado com o poema, certamente um dos que mais o obsedaram ao longo da vida, e que, sem dúvida, nasceu da sua complexa experiência com o mundo do sertão.

Se o seu gênio, segundo desabafou no "Prólogo" às *Obras*, o tornava propenso ao sublime, eram quem sabe os versos no "estilo simples" os mais valorizados pelo poeta que ele se empenhava em ser. Talvez não se desse bem com febres e emoções fortes, preferindo o refúgio mais contido da melancolia.

Na representação setecentista a extração de ouro nas Minas é feita por escravos, que apanham o cascalho aurífero no rio das Velhas, levando-o até a canoa retratada em segundo plano.

[CENTRO DE REFERÊNCIA EM CARTOGRAFIA HISTÓRICA DA UFMG]

Destaca-se na arquitetura urbana de Vila Rica do século XVIII o casario da praça principal e o Palácio do Governo, erguido pelo engenheiro militar José Fernandes Pinto Alpoim, ligado à administração de Gomes Freire de Andrade.

[CENTRO DE REFERÊNCIA EM CARTOGRAFIA HISTÓRICA DA UFMG]

Rostos presumidos do poeta Cláudio Manuel da Costa: com vestes típicas da época e conforme gravura bastante reproduzida, inclusive na internet. Na fotografia, o ator Fernando Torres no papel de Cláudio Manuel, em *Os inconfidentes*, de Joaquim Pedro de Andrade.

Por fim, imagem de santo Ivo que, segundo tradição, foi retratado com os traços de Cláudio Manuel.
[MONUMENTOS/OBRA PERTENCENTE À PARÓQUIA DE NOSSA SENHORA DA CONCEIÇÃO — OURO PRETO — MG/MUSEU ALEIJADINHO. FOTO DE MARIA JOSÉ FERRO DE SOUSA]

Vista da cidade de Vila Rica pelo austríaco Thomas Ender, no ano de 1818.
[CENTRO DE REFERÊNCIA EM CARTOGRAFIA HISTÓRICA DA UFMG]

ORBAS
DE
CLAÚDIO
MANOEL DA COSTA,
Arcade Ultramarino, chamado
GLAUCESTE SATURNIO,
OFFERECIDAS
Ao
ILL.^{mo} E EX.^{mo} SNR.
D.JOZE LUIZ DE MENEZES
ABRANCHES CASTELLO-BRANCO,
Conde de Valladares, Commendador das Commendas de S. Joaõ da Caſtanheira, S. Juliaõ de Monte-negro, S. Maria de Viade, e S. Maria de Locores, da Ordem de Chriſto, Governador, e Capitaõ General da Capitania das Minas Geraes, &c. &c. &c.

※
※ ※
※

COIMBRA.
Na Officina de Luiz Secco Ferreira.

M.DCC.LXVIII.
Com licença da Real Meza Cenſoria.

No livro, o erro de impressão na página de rosto: *Orbas* em vez de Obras. Trata-se da primeira edição das obras completas de Cláudio.

[COLEÇÃO GUITA E JOSÉ MINDLIN. REPRODUÇÃO DE LÚCIA LOEB]

VILLA RICA,

POEMA

DE CLAUDIO MANOEL DA COSTA.

ARCADE ULTRAMARINO,

com o nome de

GLAUCESTE SATURNIO,

Offerecido 'ao Illm.° e Exm.° Sr. José Antonio Freire de Andrada, Conde de Bobadella &c., &c., no anno de 1773.

Dado á luz em obsequio ao
INSTITUTO HISTORICO E GEOGRAPHICO BRAZILEIRO,
por um de seus Socios Correspondentes.

OURO-PRETO. ANNO DE 1839.

Ouro-Preto. 1839, *Typ. do Universal.*

Frontispício da primeira edição do poema "Vila Rica".
[ACERVO FUNDAÇÃO BIBLIOTECA NACIONAL — BRASIL]

Ao lado o poema "Vila Rica" que recebeu forte influência da experiência vivida por Cláudio Manuel da Costa na ocasião em que acompanhou o governador Luis Diogo Lobo da Silva em expedição pelo interior das Minas Gerais. Em nota ao original manuscrito consta a observação do poeta: "Os Indios da Costa do Brazil ainda que barbaros, não desconhecem a muzica e a dança: estas singularidades forão mais bem notadas nos da nova Espanha [...]".
[ARQUIVO PÚBLICO MINEIRO — APM]

Adar de ajuda alegre, e convida

As instancias de Garcia esta vendida
Embreve instante a Aurora nem se ajusta
Aopropento Hymineo, e eve, que he justa
A permittas, a ver, que esfar Garcia.
Do antigo amor de todo se esquecia
Hum, e outro; e a virtude só pertendem
Acreditar noestimulo, que asanderem
Dentro em seos coraçoins, depropagada
Ver huma vez a Relligiaõ amada.

As puderas imitras nommijsterios Santos
Da Orthodoxa doutrina; e longe encantos,
Superstiçoins, emagias, já Crejo,
Que tenho descuberto nelle hum meyo
De derramar porentre as mais a cura
Da padecida, antiga desventura

Contentes andaõ todos pella Aldea,
Festejando o consorcio, qual passea,
Salvador per, emaons de varias plumas,
Qual faz soar o apito; nem prezumas

Nem prezumas. Os Indios da Costa do Brazil
ainda que barbaros, naõ desconhecem amuzica, e a
dança: estas singularidades foraõ mais bem notadas
nos danova Espanha, como nota Juan de Torquem
ada Monarca.

Gomes Freire de Andrade, governador
admirado por Cláudio Manuel da Costa.
[ACERVO DA FUNDAÇÃO BIBLIOTECA NACIONAL — BRASIL]

Na fotografia de 1915, a permanência na paisagem carioca
de uma das principais realizações do governo de Gomes Freire,
os Arcos da Lapa, projeto do engenheiro Alpoim.
[ACERVO ICONOGRAPHIA]

Vista do Rio de Janeiro no tempo do governo de
Gomes Freire de Andrade, conde de Bobadela.
[A PERSPECTIVE VIEW OF ST. SEBASTIAN AT RIO DE JANEIRO, DE JAMES FORBES,
1765. ACERVO DA FUNDAÇÃO BIBLIOTECA NACIONAL — BRASIL]

O Colégio dos Jesuítas no alto do morro do Castelo,
Rio de Janeiro, onde Cláudio Manuel da Costa
concluiu sua formação na América.
[REVISTA DA SEMANA Nº 44, 29 DE OUTUBRO DE 1921, RIO DE JANEIRO]

D. João V, o monarca português do fausto barroco, foi dilapidador do ouro brasileiro e construtor do Palácio de Mafra.
[ACERVO DA FUNDAÇÃO BIBLIOTECA NACIONAL — BRASIL]

Sebastião José de Carvalho e Melo, o marquês de Pombal, ministro português homenageado por Cláudio Manuel da Costa em várias de suas obras.
[ACERVO DA FUNDAÇÃO BIBLIOTECA NACIONAL — BRASIL]

D. José I, o monarca português que, tendo ao marquês de Pombal como ministro, reconstruiu a cidade de Lisboa após o terremoto de 1755.
[ACERVO DA FUNDAÇÃO BIBLIOTECA NACIONAL — BRASIL]

D. Maria I, a rainha que assinou a condenação dos inconfidentes.
[D. MARIA I, DE MIGUEL ANTONIO DO AMARAL, ÓLEO SOBRE TELA. PALÁCIO NACIONAL DE QUELUZ, PORTUGAL]

Vista de Lisboa antes do terremoto de 1755:
a cidade que Cláudio Manuel da Costa conheceu.
[ACERVO DA FUNDAÇÃO BIBLIOTECA NACIONAL — BRASIL]

Vista da cidade e da Universidade de Coimbra, na qual
Cláudio Manuel da Costa ingressou no ano de 1749.
[ACERVO DA FUNDAÇÃO BIBLIOTECA NACIONAL — BRASIL]

A Casa dos Contos, na atual Ouro Preto, onde
Cláudio Manuel da Costa foi encontrado morto.
[FACHADA. FOTO DE RODRIGO VALENTE]

A Casa da Ópera de Vila Rica, considerada
a mais antiga da América do Sul.
[FACHADA. FOTO DE RODRIGO VALENTE]

As fachadas das casas em que viveram Cláudio Manuel da Costa e seus amigos Tomás Antônio Gonzaga e Manuel Teixeira de Queiroga, na atual Ouro Preto.

[CASA DE CLÁUDIO MANUEL DA COSTA E CASA DE TOMÁS ANTÔNIO GONZAGA. FACHADAS. FOTO DE RODRIGO VALENTE. CASA DE MANUEL TEIXEIRA DE QUEIROGA. FOTO DE MARIA JOSÉ FERRO DE SOUSA]

O Caminho Novo para as Minas Gerais, usado pelos viajantes desde 1725, foi trilhado por Cláudio Manuel da Costa quando deixou o Rio de Janeiro após seus estudos no Colégio dos Jesuítas.

[*MANDIOCCA*, DE J. M. RUGENDAS. ACERVO GEORGE ERMAKOFF]

As aquarelas, que representam a extração e a lavagem dos diamantes nas Minas, constam de um pequeno álbum enviado em 1775 por João da Rocha Dantas e Mendonça, intendente dos diamantes no Arraial do Tejuco, para as autoridades metropolitanas.
[CENTRO DE REFERÊNCIA EM CARTOGRAFIA HISTÓRICA DA UFMG]

Diploma de membro da Arcádia Romana concedido provavelmente em 1764 ao "brasileiro" Joaquim Inácio de Seixas Brandão, assinado por Mireo Rofeático, custode da Arcádia Romana. Embaixo, à esquerda, a prova, segundo Antonio Candido, da existência de uma Arcádia no Brasil setecentista: "Per la Fondazione della Colonia Oltremarina".

[COLEÇÃO GUITA E JOSÉ MINDLIN. REPRODUÇÃO DE LÚCIA LOEB]

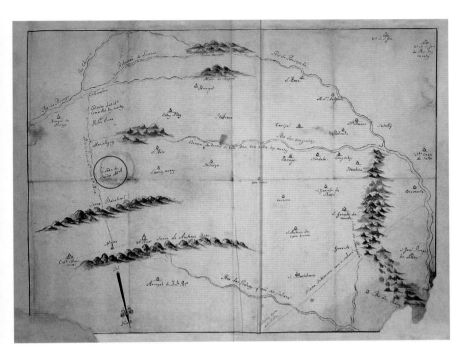

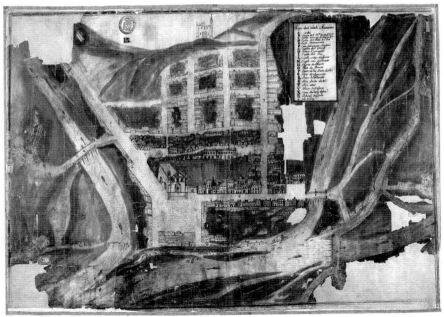

No mapa setecentista de Vila Rica, a indicação da fazenda de Cláudio Manuel da Costa, circulada. Abaixo, vista de Mariana, a única cidade de Minas.

[CENTRO DE REFERÊNCIA EM CARTOGRAFIA HISTÓRICA DA UFMG]

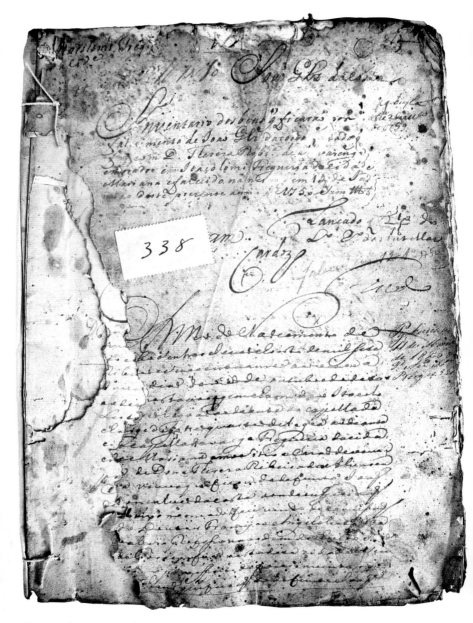

Abertura do inventário de João Gonçalves da Costa, pai de Cláudio Manuel.
[ARQUIVO DA CASA SETECENTISTA DE MARIANA. REPRODUÇÃO DE MARIA JOSÉ FERRO DE SOUSA]

Nomeação dos herdeiros de João Gonçalves da Costa: os seis filhos, Cláudio aparecendo em segundo lugar.

[ARQUIVO DA CASA SETECENTISTA DE MARIANA. REPRODUÇÃO DE MARIA JOSÉ FERRO DE SOUSA]

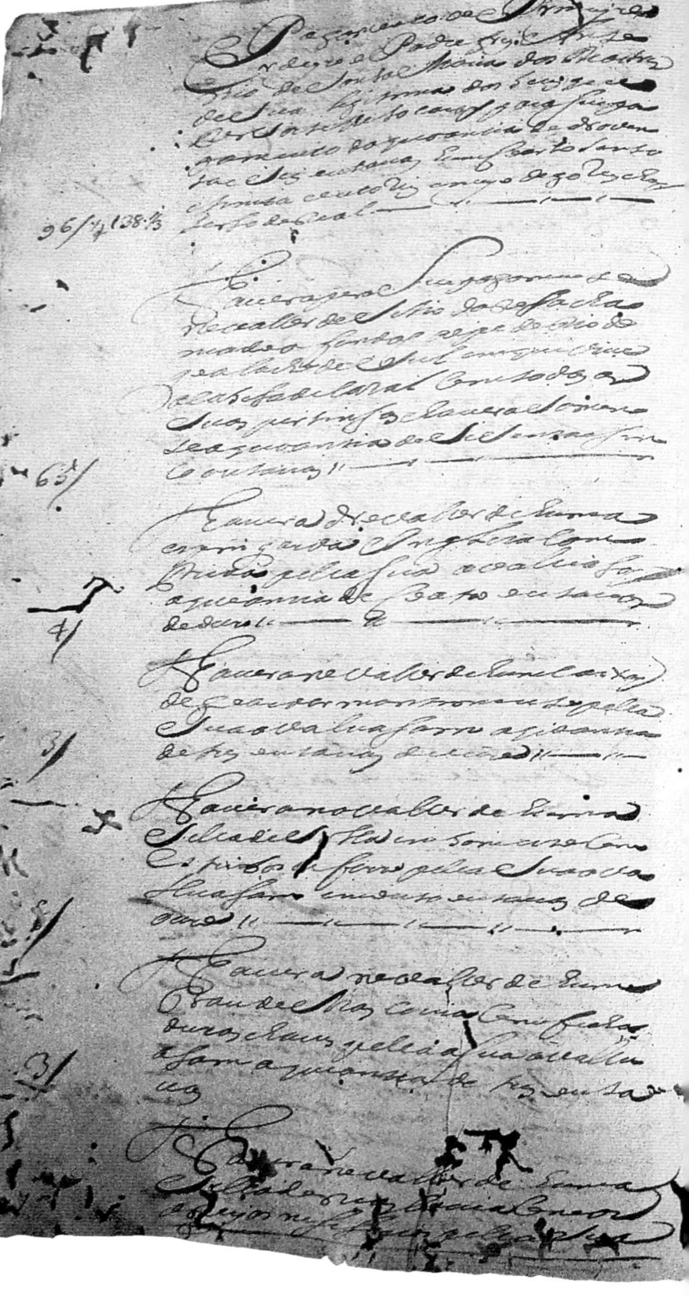
96/4 138 1/3
63/
4/
3/
3/

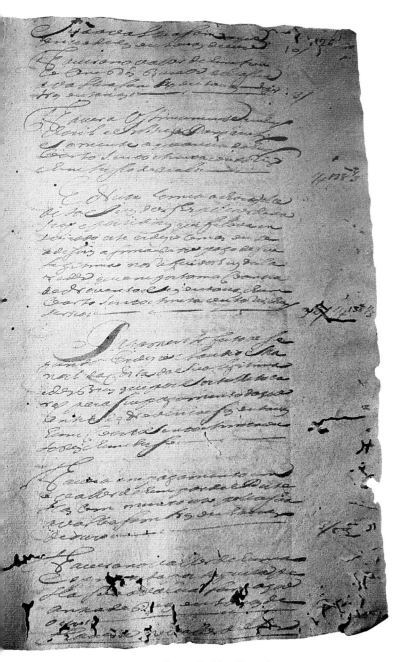

Folhas do inventário do pai de Cláudio, referentes ao
pagamento dos bens que couberam ao irmão mais velho
de Cláudio, frei Antônio de Santa Maria dos Mártires.
[ARQUIVO DA CASA SETECENTISTA DE MARIANA. REPRODUÇÃO DE MARIA JOSÉ FERRO DE SOUSA]

Assinatura de Cláudio Manuel da Costa.
[ARQUIVO PÚBLICO MINEIRO — APM]

No interior da Casa dos Contos, na atual cidade de Ouro Preto, o cubículo onde morreu Cláudio Manuel da Costa.
[CASA DOS CONTOS, OURO PRETO, MINAS GERAIS. FOTO DE RODRIGO VALENTE]

16. Letrado de aldeia

Cláudio Manuel da Costa nasceu e viveu engolfado no conflito entre dois mundos, o do Reino e o das Colônias, o da civilização e o da barbárie. Se lhe coubesse optar, contudo, é bem provável que escolhesse o espaço mais bem delineado das cidades, perto da Corte ou de tudo quanto a representava à distância. Se fosse possível apaziguar de uma vez por todas a sua alma conturbada, o porto seguro seria o mundo da cultura, e não o da natureza.

Para um homem como ele, em processo de ascensão social, dotado de grau universitário e talento criador, nascido num império marítimo sob o governo de um monarca absoluto, só restava ser letrado. O mundo preferencial dos letrados de então foi a Corte: dependiam do poder, daí o exaltarem sempre; viviam, quando bacharéis em Cânones ou Leis, das demandas jurídicas, tendo de acorrer aos auditórios e frequentar as autoridades que exerciam a justiça — desembargadores, ouvidores, procuradores —, sem falar dos clientes abastados que também gravitavam em torno da administração e seus meandros — contratadores de impostos, comerciantes, autoridades ligadas à hierarquia eclesiástica. Todas essas pessoas e atividades tinham a cidade por palco. Foi nas cidades, igualmente, que floresceu e se propagou o espírito ilustrado: não houve, como afirmou mais de um especialista, Luzes no campo.

Talvez Cláudio tivesse gostado de permanecer no Velho Mundo, como outros dois grandes poetas luso-brasileiros de seu tempo, frei José de Santa Rita Durão, sete anos mais velho que ele, e Basílio da Gama, doze anos mais moço, que se dividiu entre o Velho e o Novo Mundo, morando na Itália mas volta e meia passando uns tempos no Brasil. Mais que sua vontade, foi o destino que o trouxe de volta às margens do "pátrio ribeirão": a morte do pai, o desamparo da mãe e dos irmãos pequenos, o temperamento mais doce e mais tímido, que suportava mal as chacotas da Corte a respeito das possessões ultramarinas bem como sobre a inferioridade de seus habitantes, frequentemente associados a brutos que viviam nas

...toscas matas,
onde se chamam senhoras
as pretas e as mulatas

conforme se lê em pasquins da época, correntes em Lisboa.

Cláudio tinha vinte anos quando publicou, em Coimbra, os primeiros poemas. Mais tarde, foi o primeiro entre os poetas residentes em Minas a ter os versos impressos no Reino ainda em vida, em 1768. Muitos outros versos, como o épico "Vila Rica", correram manuscritos entre os amigos e até além das fronteiras da capitania, viajando através da rede de homens de letras formada pelas academias que se iam fundando no Rio e na Bahia.

Assim como conquistou admiradores entre poetas de nome, a exemplo de Bocage, que nele reconhecia um dos grandes sonetistas da língua, o mais comum é que fosse visto como um letrado de aldeia. Alcipe, ou Lília, pseudônimos da marquesa de Alorna, poetisa portuguesa de certa qualidade, escreveu em 25 de fevereiro de 1771 a sua amiga Tirse, na vida real condessa de Vimieiro, que Cláudio lhe parecia "um pobre rapsodista que [...] bebeu e vomitou algumas passagens de Metastasio e do Guarino", aproveitando para, de quebra, referir-se a Basílio da Gama como "um José não sei de quê", autor de um lastimoso poema no qual "o herói era o Gomes Freire". Três dias depois, Tirse/Vimieiro respondeu no mesmo tom, muito elucidativo dos sentimentos que os reinóis nutriam pelos habitantes das conquistas — "cafres", como eram frequentemente chamados: "Do brasileiro, em que me falas, nada conheço, posto que já tive na mão as suas obras apenas li algumas cançonetas; e como a impressão é má e eu tenho a vista débil, não forcejei, o que não sucederia se gostasse".

As *Obras* de Cláudio não mereciam, em Lisboa, que se gastasse a vista com elas. Em Vila Rica e em toda a capitania de Minas, contudo, o poeta foi ganhando fama e prestígio, chefe de orquestra da plêiade dos bardos locais, como o qualificou Sérgio Buarque de Holanda. Sem falar dos vários versejadores menores, dois poetas de maior vulto se aproximariam dele nos anos seguintes, e nele veriam de fato um mestre: Alvarenga Peixoto, em 1776, e Tomás Antônio Gonzaga, em 1782, havendo a suposição de que antes, em 1768, Basílio da Gama, então no Brasil, pudesse também ter se encontrado com ele em Minas, numa viagem eventual aos parentes que moravam por lá.

A boa acolhida dos versos de Cláudio entre os naturais da terra e o desprezo que encontraram em Portugal deve ter muito a ver com o tom adquirido pela Ilustração de um e do outro lado do Atlântico. Cláudio Manuel da Costa, José Basílio da Gama, Inácio José de Alvarenga Peixoto, Tomás Antônio Gonzaga eram todos pombalinos e cortejaram, em várias ocasiões, o rei d. José I e seu ministro, Sebastião José de Carvalho e Melo. A marquesa de Alorna era filha, neta e sobrinha de duas das famílias nobres mais atingidas pela perseguição de Pombal: os Távora e os Almeida da Casa de Assumar. Seus avós tinham sido supliciados em praça pública ao fim de um processo tristemente célebre; o pai, d. João de Almeida, estava preso nos cárceres da Junqueira ainda no ano em que ela escrevia à amiga, e a própria Alcipe vivia confinada no convento de Chelas. Pombal era odiado por boa parte da nobreza do Reino, mas no Brasil era visto como um reformador que oferecia aos luso-brasileiros esperanças de maior participação na vida política do Império, aumentando-lhes a estima e a honra, bem como as perspectivas de *progresso* — palavra que ia entrando com força no vocabulário ilustrado.

Até 1768, Cláudio escreveu e reescreveu exaustivamente os versos que fazem parte do volume das *Obras*. Entre as reuniões da Câmara, a papelada da secretaria de governo, as viagens sertão adentro, o nascimento dos filhos, as embrulhadas em Pitangui, a ida e vinda aos auditórios e à casa dos clientes ricos, as procissões religiosas, as cavalhadas, *limava* os versos compostos ao longo de duas décadas e que, com perdão da marquesa, hoje brilham bem mais no firmamento da língua portuguesa que os dela.

Muitos dos amigos de então leram os versos, que corriam manuscritos ou se recitavam em serões, e opinaram sobre eles, passando a admirá-los e a copiá-los: a marca de Cláudio é muito forte tanto em Gonzaga quanto em Alvarenga Peixoto, poeta mais débil e menos original. A poesia criou e cimentou nas Minas um tipo de sociabilidade citadina muito especial, que andou junto com a troca de livros, de ideias e a participação em atividades culturais como a música e o teatro.

As bibliotecas no período colonial são acanhadíssimas quando comparadas às então existentes na Europa, mas mesmo assim havia em Minas algumas das melhores *livrarias* — como eram então chamadas — de que se tem notícia na América portuguesa, com muitas centenas de livros, as mais avantajadas chegando perto de mil. Em Mariana, destacou-se, mais para o final do século, a de José Pereira Ribeiro, proprietário de muitos títulos sobre direito mas também leitor assíduo de ciências — tinha as obras de Lineu, por exemplo —, dos clássicos em geral, da literatura mais ligeira — como o Gil Blas de Santillana —, e dono de um exemplar do *Caramuru*, de frei Santa Rita: o dr. Ribeiro era poeta e conhecido como "o Anacreonte das Minas", apesar de nenhum de seus versos ter chegado até nós. Gostava ainda muito de História, assunto que figurava com destaque entre os seus livros, em meio aos quais contava a *Dedução cronológica e analítica*, escrito antijesuítico atribuído a José Seabra da Silva e que, dizia-se, fora "apimentado" pelo próprio Pombal: outro indício sugestivo do pombalismo dos letrados mineiros na segunda metade do século XVIII.

A mais impressionante *livraria* das Minas foi contudo a do cônego Luís Vieira da Silva, que morava em Mariana, sede do bispado, mas volta e meia andava na casa dos amigos em Vila Rica, onde pregava com grande sucesso em ocasiões especiais, como aconteceu em 1771, na nova Igreja de São Francisco de Assis. O cônego tinha 270 obras, correspondendo a cerca de oitocentos volumes em latim, português, inglês, francês, italiano e espanhol. Além de dezenas de tratados dos doutores da Igreja, de dicionários, de obras científicas, dos clássicos greco-romanos, dos expoentes do Renascimento português como João de Barros, Diogo do Couto, Sá de Miranda, contavam-se obras profanas decisivas para a formação do espírito ilustrado, como as de Raynal, Condillac, Lafittau, Montesquieu, Voltaire, a *Enciclopédia* de Diderot e D'Alembert, a *Lógica* do abade Antonio Genovesi, livros do padre Benito Feijó, de Hume, de Robertson, de Bielfeld... Como Luís Vieira da Silva nunca saiu das Minas, comprava os livros de comerciantes, alguns dos quais eram livreiros quase como os de hoje, outros os tinham em suas lojas misturados com os gêneros secos e molhados. A *História filosófica e política* de Raynal, é quase certo que a recebeu de presente do dr. José Pereira Ribeiro, assim como uma *Coleção das leis constitutivas das colônias inglesas confederadas sob o nome de Estados Unidos da América Setentrional* (1778), emprestando-os depois a amigos de seu círculo. Tiradentes foi um dos que absorveram o impacto desses escritos anticoloniais: Raynal preconizava que as possessões sujeitadas a metrópoles europeias sacudiriam o jugo mais cedo ou mais tarde, e a leitura da legislação e informações referentes às antigas colônias norte-americanas atiçava, pelo exemplo, os sentimentos de animosidade contra Portugal.

O comércio de livros era às vezes clandestino, pois muitas das obras, sendo proibidas, precisavam de licença. O empréstimo também burlava as proibições: o dono de um livro poderia ter obtido licença, junto aos órgãos competentes — como a Real Mesa Censória — para lê-lo, mas o empréstimo permitia que ele chegasse às mãos de outras pessoas, desprovidas de autorização. Sendo assim, muita gente que não aparece nos documentos como proprietária de bibliotecas era dada à leitura frequente: o meio urbano ajudava a circulação.

Diferentemente do cônego Luís Vieira, e como o dr. José Ribeiro, Cláudio Manuel da Costa tinha estudado em Coimbra e frequentado as lojas onde se vendiam livros na Corte. Sua biblioteca era muito boa para a época e o lugar, e do acervo referente a Leis e Cânones já se falou. Os títulos que aparecem no sequestro de seus bens, feito quando do infortúnio em 1789, estão muitas vezes irreconhecíveis, estropiados pelo assento de escribas que não tinham familiaridade com o mundo da cultura mais sofisticada, e nunca haviam ouvido falar daqueles nomes. Até onde é possível identificar, sobra surpresa ao constatar que as leituras literárias cotidianas do poeta ficavam muito aquém da sua vastíssima cultura. Com certa margem de erro, reconhecem-se naquele conjunto as obras de Francisco de Quevedo — as mais numerosas entre as literárias —, as de Camões, de Safo, de Anacreonte, as *Flores de poetas ilustres*, espécie de antologia publicada em 1605 por Pedro de Espinosa, e a *Ulisseia* de Gabriel Pereira de Castro, autor que era um misto de jurista e poeta mas que, nessa obra, trata da fundação de Lisboa por Ulisses. A *Ulisseia, ou Lisboa edificada*, publicado em 1636, era um poema heroico em oitava rima, e, na temática, pode ter inspirado Cláudio na composição do seu "Vila Rica". Parece significativo o fato de predominarem obras quinhentistas e seiscentistas entre os livros que tinha à mão no dia a dia, entre os quais Baltasar Gracián: Sérgio Buarque de Holanda mostrou como era forte o peso dessa literatura renascentista e barroca no estilo do poeta.

Na sua obsessão de rever e polir os versos, Cláudio se valia de tratados de oratória e de poética, como o *Cannochiale aristotelico* de Emmanuele Tesauro, dos mais importantes no século XVII, e de uma profusão de dicionários: tinha o latino, de Ambrósio Calepino, muito usado entre os homens de letras desde o século XVI; a *Prosódia*, de Bento Pereira, que os jesuítas haviam preparado especialmente para o uso em Portugal; um dicionário novo, da língua espanhola e francesa; o alfabeto ou abecedário de Langes. Instrumentos de auxílio na leitura e na escrita: dominava o latim, o francês, o espanhol, cogita-se se lia inglês, alguns dizem que traduziu *A riqueza das nações*, de Adam Smith, mas não há comprovação. Que escrevia com perfeição em italiano, atestam-no as dezenas de poemas deixados por ele nessa língua.

Tinha ainda o dicionário de Luís Moréri, em dez tomos, provavelmente a edição saída em 1759, comprada quando já estava em Minas. Moréri era uma espécie de enciclopédia, antiquada já na época de Pierre Bayle, que a considerava repleta de erros: também nesse aspecto o poeta era um passadista, e entre a obra de Diderot e D'Alembert, que seu amigo cônego possuía, e a de Moréri, ele ficava com a última.

E havia os dicionários de História, que aparecem sem a identificação do autor, bem como uma *Geografia histórica*; a *Monarquia portuguesa*; a *História mexicana*, de Antonio de Solis e Rivadeneira. Havia, por fim, várias obras religiosas: a *Mística Cidade de Deus*, da Madre Maria de Jesus, escrita entre 1655 e 1660, um *best-seller* ainda no tempo de Cláudio; uma *Meditação de Jesus Cristo*; uma *História de santo Antão* incompleta; de santo Inácio de Loiola tinha um livro manuscrito — estes eram então muito comuns, ainda mais em lugar sem imprensa, como o Brasil; dois livros de horas, um "com a coroa de Jerusalém", outro "com suas chapinhas de prata".

Ovídio, Lucano, Virgílio, Petrarca, Garcilaso, Gongora, Sá de Miranda, Metastasio, Guarini e tantos outros autores que a crítica identificou por trás dos versos de Cláudio, alguns quase na forma de cópia — daí Alcipe dizer que "vomitava" versos alheios —, não constavam do rol da sua biblioteca particular. Lera-os em Coimbra, lia-os emprestados dos amigos em Minas ou, possuindo-os, eles escaparam da pena do escriba, que não os incluiu no sequestro, deixando o historiador de hoje na incerteza.

Sua obra entretanto não dá margem a dúvidas: lia compulsivamente, de tudo, e a cultura abrangente aparece no vasto leque de interesses que manifestou. Além de poeta, reconhecido ainda em vida, foi cartógrafo, tradutor, historiador, dramaturgo e, dizem alguns, compositor musical.

As óperas haviam entrado em Portugal durante o reinado de d. João V e sobretudo graças à influência da rainha, Mariana de Áustria, que em sua corte de origem estava habituada a elas. Eram de três tipos: a de Corte, a séria — como a de Metastasio — e as peças de teatro acompanhadas de música e também chamadas de ópera, sendo antes dramas líricos que algo semelhante ao gênero consagrado por obras como A *flauta mágica* de Mozart. Quando d. José subiu ao trono, o interesse pela ópera aumentou muito, sensibilizando mais profundamente a nobreza. À beira do Tejo construiu-se um teatro especial para esses espetáculos, mas veio o terremoto de 1755 e o pôs no chão. Só se retomaram as óperas no carnaval de 1763, em Salvaterra, no Palácio da Ajuda — ainda em obras — e no de Queluz.

Por isso é admirável que em 1769 se erguesse em Vila Rica, na rua de Santa Quitéria, uma casa de ópera, tida como das mais antigas da América do Sul. Seu construtor foi o coronel João de Sousa Lisboa, contratador dos reais quintos e das *entradas*. A iniciativa contou com o apoio do governador recém-chegado, José Luís de Meneses, conde de Valadares, e a simpatia de Cláudio Manuel da Costa, que então, se não era de fato secretário de governo, atuava praticamente como se fosse.

A ópera de Vila Rica foi inaugurada em 6 de junho de 1770, aniversário de d. José. A 17 de outubro de 1772, o nome de Cláudio está numa lista de contribuintes ou assinantes que apoiavam a gestão de Lisboa — afastado por uns tempos — junto à casa da ópera, ao lado do de outros homens importantes, como o desembargador Teixeira Coelho e o capitão-mor José Álvares Maciel. Para alguns, o próprio poeta teria naquela altura escrito uma "ópera", *São Bernardo*, para a qual era preciso arranjar música, o que o coronel Lisboa tentou junto à notável escola musical de São João del Rei: até morrer, em 1778, foi o animador daquela atividade, vangloriando-se de ter introduzido no palco de Vila Rica atrizes, em vez dos travestis habitualmente destinados aos papéis femininos.

Além do *São Bernardo*, que deveria estrear durante a quaresma de 1777, tudo indica que Cláudio traduziu a ópera *Demofoonte em Trácia*, de Metastasio, havendo até a suspeita, mais fantasiosa, de que compôs música para ambas. Pode ser que a procura de um músico para o *São Bernardo* tenha sido infrutífera e ele tenha, de fato, criado a melodia — revelando dotes a que a maior parte dos estudiosos nunca se referiu. Já para o *Demofoonte*, parece pouco cabível: encenada pela primeira vez em Viena, em 1733, a ópera tinha música do célebre Antonio Caldara; posteriormente, mais de cinquenta compositores europeus compuseram para o libreto, entre os quais Davi Pérez, que Cláudio ouvira durante os anos em Portugal.

De qualquer forma, havia ambiente culto em Vila Rica, e Cláudio transitava nele, indo da rima à solfa, das reuniões literárias em torno da recitação de poemas aos espetáculos públicos, nos quais manifestações então muito em voga, como a ópera, eram oferecidas à comunidade da vila interiorana.

Ser letrado na aldeia não o livrava contudo dos tormentos internos. Em 1768, no "Prólogo" a suas *Obras*, desabafou que as boas influências recebidas em Coimbra — "alguns influxos, que devi às águas do Mondego" — estavam destinadas a sucumbir, uma vez retornado às Minas: "aqui entre a grossaria dos seus gênios, que menos pudera eu fazer que entregar-me ao ócio, e sepultar-me na ignorância!". Vila Rica não era a Arcádia, "onde o som das águas inspirava a harmonia dos versos": mais do que incitar à criação, a corrente "turva e feia" dos seus ribeiros lembrava, a cada momento, a "ambiciosa fadiga de minerar a terra, que lhes tem pervertido as cores".

Sempre nas *Obras*, a dedicatória a Sebastião José de Carvalho e Melo, que acompanha a "Écloga iii", retorna ao tema: "Saio dos montes; vivo na incultura; comunico a rusticidade: não é muito que tudo o que concebo seja dissonância, e seja barbarismo tudo o que pronuncio".

Há por certo uma parte de premeditada retórica nessas frases: justificar-se, provavelmente, ante os poetas da Corte, dados a desprezar os letrados de aldeia. Mas há também, e em grau maior, o desconsolo emocionado do poeta talentoso, que se sentia prisioneiro de suas circunstâncias. Cláudio não alardeou, como Gonzaga o faria, que seu coração era maior que o mundo. Mas deixou ver, em vários versos, que acreditava no poder transformador da civilização — no sentido que lhe dava o século XVIII — independente do lugar onde se manifestasse:

> *Polir na guerra o bárbaro Gentio,*
> *Que as leis quase ignorou da natureza,*
> *Romper de altos penhascos a rudeza,*
> *Desentranhar o monte, abrir o rio.*

Nisso, e a despeito das leituras mais arcaizantes e dos versos de contorno frequentemente barroco, Cláudio Manuel da Costa foi, na sua aldeia, um letrado da Ilustração.

17. Ser e parecer

A casa de Cláudio, pesadona, tinha por vizinhos, do lado esquerdo, as casas de José Veríssimo da Fonseca, que era escrivão da Ouvidoria da comarca de Vila Rica e, do lado direito, a capela de Nossa Senhora das Dores. Na parte superior da fachada de dois andares, cinco grandes janelas se abriam para a rua, muito íngreme. Os muros de pedra delimitavam um quintal com laranjeiras e limoeiros, as árvores de espinho, como se dizia na linguagem da época.

Ficava na esquina da rua São Francisco com a do Gibu, atualmente Carlos Tomás, não longe da matriz de Conceição de Antônio Dias, que na década de 1770 já tinha a feição que ostenta hoje. Era nessa igreja, erguida por iniciativa da Irmandade do Santíssimo Sacramento, guarnecida de riquíssima talha dourada, que Cláudio devia assistir missa aos domingos e confessar-se quando a consciência pesava ou o preceito exigia, católico fervoroso que parece ter sido.

Quando o prenderam e lhe sequestraram os bens, em 1789, era um homem muito abastado para os parâmetros da época e da região. Seu estilo de vida, os objetos que tinha, as propriedades indicam um nível de vida em tudo superior ao dos pais. O tempo também era outro, de maior polimento e consumo: João Gonçalves da Costa e Teresa Ribeiro de Alvarenga pertenciam à primeira geração de mineradores, quando a vida material era pobre e marcada pela escassez. Além disso, partiram do zero e optaram por educar bem os filhos, o que lhes deve ter saído bem caro.

Para todos os efeitos, Cláudio Manuel da Costa vivia só. A ligação com Francisca Arcângela era sabida mas não publicada ostensivamente: ela e os filhos dos dois — e foram cinco, nascidos entre 1759 e 1773 — moravam num amplo sobrado na rua São José, deviam estar sempre na casa da rua do Gibu ou na da fazenda do Fundão, mas não como habitantes delas. Cláudio não fez pelos filhos o que seus pais haviam feito por ele e os irmãos: a sua era uma família fora da norma e dos padrões. Nas Minas de então, havia muitas assim, mas ele era um homem importante, branco e ligado à alta administração do Império. Figurões como ele tinham amantes, inclusive entre as moças bem situadas socialmente, a exemplo do desembargador Teixeira Coelho, que viveu com uma filha de Saião e com Antônia do Gualaxo. Cláudio se afeiçoou a uma negra pobre e não teve a energia nem a coragem do desembargador João Fernandes de Oliveira, filho de seu padrinho, que, milionário e poderoso, assumiu publicamente tanto Chica da Silva quanto a filharada que nasceu da união. Talvez porque o arraial do Tijuco, onde moravam, fosse excêntrico em todos os sentidos: longe da zona aurífera, isolado administrativamente por responder, quase sem intermediação, ao poder central estabelecido em Lisboa, não tendo por perto o governador e a pequena corte que gravitava em torno dele.

Mesmo assim, e apesar dos constrangimentos, Cláudio fez alguma coisa pela prole mestiça. Em 1779, quando a primogênita Maria Antônia Clara se casou com Manuel José da Silva, o poeta a dotou com a metade da fazenda do Fundão, que comprou do espólio paterno por 700$000 réis, dando-lhe ainda alguns escravos e trastes para a casa. Não pôde cuidar tão bem dos demais: já estava morto quando Francisca Arcângela, em 1808, doou ao único filho, o pintor Feliciano Manuel da Costa, a metade do sobrado da rua São José, onde ela vivia com alguns netos, filhos, presumivelmente, das outras moças — Francisca, Ana e Fabiana —, que nunca chegaram a se casar.

No casarão da ladeira do Gibu, Cláudio se tratava conforme as exigências de sua posição e riqueza. Como acontecia em sua vida afetiva, os objetos que tinha sugerem duas imagens: a do ser, mais voltada para dentro, e a do parecer, desenhada a partir do que devia apresentar em público.

Os móveis não causam impressão: três camas, uma só mesa grande, outra redonda, mais duas cobertas de chita, duas cômodas com gavetas, tudo contrastando com a profusão de cadeiras — umas simples, com encosto de pau, outras mais sofisticadas, com assento de damasco — e mochos, que era como então se nomeavam os bancos redondos ou quadrados. Mais confortável apenas uma poltrona, e talvez o preguiceiro. Para a intimidade, uma rede branca, à qual se atirava para ler com os óculos e o lenço azul para o tabaco, duas estantes para acomodar os livros, a papeleira onde limava os sonetos, dava vazão à febre que gerou o "Vila Rica", celebrava os governadores com versos de elogio.

O enxoval também é simples: pouca roupa de cama e mesa, uma toalha mais fina, de bretanha de Hamburgo, enfeitada de rendas, e as demais — que eram três — ou de algodão, ou já bem estragadas. Havia um colchão melhor, de lã, que devia ser o seu, e uns poucos travesseiros. Duas cortinas de serafina com babados azuis. Três cobertores e duas colchas, uma velha, a outra de algodão, feita em São Paulo.

Na casa de Cláudio, moía-se café e se tecia algodão, havendo um tear para esse fim, "de madeira branca, com um pouco de algodão já tecido e outro por tecer". O poeta recebia com frequência: não apenas pelo número de cadeiras, mas pela quantidade de louça existente na casa, tanto a da terra, mais rústica, quanto a de Macau e da Índia: pratos grandes e pequenos, travessas de todos os tamanhos, xícaras, terrinas, vários bules, sopeiras. Surpreendentemente, os copos e talheres eram poucos — colheres e facas com cabo de prata, mas não garfos, que, apesar de serem raros e revelar sofisticação, já integravam o conjunto de utensílios domésticos de alguns, como o do contratador Queiroga.

Talvez o que mais oferecesse às visitas fosse chá, café e chocolate. Não eram muitos os que tinham, como ele, uma chocolateira de cobre: o hábito se difundira na Europa sobretudo entre as pessoas mais bem situadas socialmente, e ostentá-lo em Vila Rica acrescentava distinção. Nessas ocasiões, devia contar com a ajuda das escravas ou até de um ou outro pajem, já que entre os bens sequestrados há dois trajes completos para pajens: casacas escuras forradas de amarelo, véstias e calções amarelos, camisas de linho. Se os viajantes estrangeiros registraram muitas vezes a presença desses serviçais domésticos em trajes sumários ou descuidados, Cláudio discrepava do tom geral: fosse para o serviço interno à casa, fosse para os recados, queria-os vestidos à europeia.

Nas paredes não havia quadros, existentes em muitas das casas da época, de paisagens e cenas europeias como os de Queiroga, de santos e cenas religiosas, como descritos em tantas outras moradas. Cláudio guardava duas imagens de santos dentro de redomas de vidro, que ficavam em cima de algum móvel ou dentro talvez de um oratório, ou ainda quem sabe ao pé da cama: as paredes, ele reservava para uma de suas paixões, os mapas. Tinha quatro, com molduras de madeira torneada, e estavam ali fazia tempo, pois foram referidos como sendo "muito usados". Vindos da Europa com ele, que, poucos anos depois de chegado, fizera a carta topográfica de Vila Rica e seu termo, e naquela época ainda estudava e praticava a cartografia. Ou, o que seria curiosíssimo, feitos por ele mesmo, desenhados já em Minas, representando os cursos d'água vadeados durante a viagem dilatada e aspérrima, as serras escaladas em lombo de mula, as picadas abertas na ponta do facão... De qualquer forma, dizem os especialistas, não era comum ter mapas em casa, na parede. Talvez o fosse entre os homens cultos das cidades europeias, mas não o era ali em Minas. Cláudio, tão passadista nas leituras e nas rimas, andava, no gosto pela cartografia, conforme o ritmo do seu tempo.

Personagem complexa e contraditória: se os homens mais jovens já iam largando em casa as cabeleiras, Cláudio possuía duas, para usar quando saía por conta de suas demandas, nos auditórios, ou em visita aos clientes mais graúdos. As cabeleiras ficavam guardadas em bolsas, e uma delas era ainda bem nova, sugerindo que o poeta não pretendia deixar de usá-las tão cedo. Prezava a tradição e o costume, e quando a situação exigia — a morte de um amigo ou as solenidades fúnebres em torno das pessoas reais, as exéquias de monarcas e príncipes, realizadas nas principais vilas e cidades do Império —, Cláudio calçava seus sapatos com fivelas de luto. No dia a dia, já que as ruas de Vila Rica eram íngremes e calçadas com o *pé de moleque*, usava botas.

Quanto à indumentária, era dono de um guarda-roupa abarrotado. Mais uma vez se impõe a comparação com as roupas deixadas pelos pais, algumas muito finas, com galões e bordados em ouro e prata, mas em número pequeno. O advogado gostava de aparecer bem-arrumado, pois não há outra explicação para as treze camisas de bretanha com babados, a profusão de calções e véstias, de trajes completos, casacas, sobretudos, capotes — devia ser friorento, tinha quatro — nas mais diferentes cores, feitios e tecidos: carmesins, caseados a ouro; em cambraia verde, com chuva de prata; em veludo cor de cereja; de droguete castor; de chita abrilhantada; de cetim cor-de-rosa, com ramas de ouro e matizes; de seda roxa; de pano preto. Joia, quase nenhuma, e de pouco valor: uma fivela de ouro, dois pares de fivelas de metal amarelo para as ligas, dois pares de abotoaduras com pedras encarnadas. E o broche com pedras brancas mais a medalhinha cozida numa fita encarnada do hábito de Cristo, que valiam pouco mas significavam muito.

Nas ocasiões especiais, paramentava-se com um dos hábitos, o grande, de cruz comprida, ou o da casaca de belbute amarelo, bordado de pedras brancas. Devia ter também a túnica especial das irmandades às quais pertencia — a do Santíssimo, a de São Francisco de Assis, a de São Miguel e Almas do Purgatório, talvez a de Nossa Senhora do Monte do Carmo —, mas elas não aparecem no sequestro, que só cita o balandrau de seda roxo da Irmandade do Senhor dos Passos.

Na intimidade, com Francisca e os filhos, ou só com seus versos e seus processos, Cláudio tomava rapé embrulhado num chambre de chita velho, os pés enfiados em meias de linho roto, os óculos e os dois candeeiros de arame a ajudar-lhe a vista cansada.

18. Renascido, ultramarino, obsequioso e satírico

Casa assobradada, disputas por cargos, secretaria de governo, sessões da Câmara, dos auditórios, vila e sertão, tudo perdia importância e ficava pequeno quando a imaginação enveredava pelo domínio das ninfas, dos pastores, da mitologia clássica, dos grandes mestres — Virgílio, Ovídio, Horácio, Petrarca — que o tinham alimentado desde os tempos do colégio jesuíta do Rio. Então, tanto fazia estar na rede, na cadeira rasa de secretário ou sob o pálio, em alguma cerimônia pública, junto com os irmãos do Santíssimo ou os vereadores do Senado: as letras e as musas o arrastavam para longe, o Tejo, Coimbra, Roma. No século XVIII, mesmo quando a terra de origem era distante, rude e inculta, o mundo vasto era a pátria do letrado.

E o letrado que era Cláudio vivia na tensão entre o seu mundo particular, perseguindo a beleza das formas puras por meio da reescrita permanente, e a necessidade de fazer parte das redes de convívio intelectual que, com mais intensidade desde o Renascimento, envolviam a Europa culta.

Em Coimbra, bem mocinho, se acostumara com as reuniões literárias dos agostinianos e dos estudantes como ele. Ali, na Academia Litúrgica dos monges agostinhos, começou a prezar a sociabilidade acadêmica, espaço próprio para trocar ideias, versos, aceitar emendas e sugestões. Exercitou os talentos de elogiador, aprendeu a cortejar os poderosos por meio da rima e das figuras de linguagem. De volta ao Ribeirão do Carmo ou já fixado em Vila Rica, por certo suspirou com saudade dos companheiros acadêmicos.

Só pode ter sido com grande alegria que, no último dia de outubro de 1759, recebeu as cartas expedidas mais de quatro meses antes da cidade do Salvador, nas quais o secretário e dois censores da recém-criada Academia Brasílica dos Renascidos o convidavam para integrá-la, na qualidade de sócio supranumerário, já que morava em outra região. Desde maio, vinham ocorrendo reuniões, primeiro na casa de José Mascarenhas Pacheco Pereira de Melo, para a 6 de junho, de modo mais formal, realizar-se uma cerimônia de inauguração na Igreja dos Carmelitas Descalços e decretar--se o início das atividades acadêmicas.

Designado diretor dos Renascidos, Mascarenhas era um homem importante, fazia parte de academias espanholas e tinha sido encarregado pelo ministro Carvalho e Melo de viabilizar os aldeamentos indígenas na Bahia, bem como de zelar pela aplicação local do ato que expulsava os jesuítas do Império português. Cláudio o conhecera em Coimbra, mas talvez as relações datassem de antes: João Pacheco Pereira de Vasconcelos, o pai do acadêmico, havia sido ouvidor em Ouro Preto no ano de 1724, quando as famílias de ambos podem ter convivido, os laços antigos se recompondo no Reino. Certo e seguro é que Cláudio dedicava a Mascarenhas grande admiração, que aliás pôs por escrito numa das quatro cartas que escreveu no dia 3 de novembro, agradecendo aos censores João Borges de Barros e João Ferreira de Bettencourt e Sá, aos sócios em geral e ao secretário Antônio Gomes Ferrão Castelo Branco. Aceitava o convite, jurava obedecer aos estatutos, defender a verdade da Imaculada Conceição de Maria — essa invocação da Virgem era a padroeira das academias portuguesas e luso-brasileiras — e enviava uma pequena biografia que até hoje constitui um dos documentos mais importantes para conhecer sua vida.

Quanto à opinião que lhe haviam solicitado sobre os modos de se dividir a História — esta era a matéria por excelência da Academia —, bem como quanto aos documentos existentes em Minas e úteis para o conhecimento da história da América portuguesa, Cláudio pedia mais tempo para se manifestar. Mesmo adoentado — "apesar de minhas moléstias, que seguindo a ordem da natureza e do país, não deixam de ser grandes e continuadas" —, apressara-se em responder porque não queria deixar sombra de dúvida sobre seu empenho em integrar aquela comunidade suprarregional; mas alertava que, daí em diante, as eventuais demoras das respostas às cartas não deveriam ser creditadas à displicência — já que se sentia honradíssimo —, mas às dificuldades de comunicação, sobretudo no período das chuvas, entre Minas e a Bahia.

A Academia funcionou por pouco tempo: Mascarenhas foi preso no final de 1759, suspeito de conspirar com espanhóis e franceses. Os acadêmicos se indignaram. Procuraram não interromper totalmente as atividades, e elas foram se arrastando até pelo menos meados de 1761. Depois, o que restava do aspecto mais institucional esborooou, apesar de alguns dos antigos membros, nas décadas seguintes, continuarem estampando no frontispício das obras que publicaram a designação de "Acadêmicos Renascidos".

O que permaneceu, sem dúvida, foi a rede de sociabilidade letrada então estabelecida e as preocupações que um dia haviam norteado os acadêmicos. Eles aprenderam a driblar as distâncias, a encontrar modos de se comunicar por meio das frotas que iam arribando nos portos, dos comboios de comerciantes que cortavam o vasto interior da América portuguesa, dos correios esporádicos que começavam, então, a agir de modo mais sistemático. Continuaram trocando cartas, documentos, informações: da Bahia, Rodrigo da Costa e Almeida enviava dados genealógicos sobre os descendentes de Filipe Cavalcanti que ali se tinham estabelecido para Antônio José Vitoriano Borges da Fonseca, sócio supranumerário do Recife. Cláudio Manuel da Costa se valeu de documentos levantados em arquivos de São Paulo por frei Gaspar da Madre de Deus, renascido como ele, e ainda dos coligidos na Torre do Tombo por outro supranumerário paulista, Pedro Taques de Almeida Paes Leme.

Além disso, parece datar daquele final da década de 1750 o empenho de Cláudio em reunir na secretaria de governo os documentos para escrever uma história de Minas Gerais, tarefa que lhe foi designada quando ingressou na Academia dos Renascidos. Cerca de quinze anos depois, essas fontes sustentariam a narrativa do *Fundamento histórico ao poema Vila Rica*, marco da historiografia mineira e da construção da memória regional.

Não existem informações sobre nenhuma atividade acadêmica de Cláudio durante os primeiros anos da década de 1760, mas é lícito cogitar que, à distância, ele sonhava com a criação de uma colônia ultramarina da Arcádia Romana. Essa agremiação havia sido fundada em 1690, reunindo poetas em torno da rainha Cristina da Suécia e inspirando o surgimento, por toda a península italiana, de núcleos secundários, as *colônias*, dirigidas por um chefe local, ou *vice-custódio*, sujeito, por sua vez — ao menos nominalmente — ao *custódio geral* de Roma. Defendia a adoção de um estilo literário mais simples, racional, distinto da moda dominante ao longo do século XVII e marcada pela preeminência dos escritores espanhóis.

Assim sendo, o arcadismo — que celebrava a vida no campo, em meio a pastores que cuidavam de rebanhos e tinham por cenário uma paisagem domesticada — foi um antiespanholismo e, ao mesmo tempo, um combate ao "mau gosto", depois identificado ao barroco.

D. João v se valeu do ouro que chegava das Minas para, em 1721, cortejar os árcades de Roma e oferecer uma sede aos "pastores" poetas: foi recebido como um dos seus, com o nome de Arete Melleo, e doou, em 1725, um terreno sobre o monte Janículo, desde então sede da Arcádia Romana. Nos anos seguintes, a academia recebeu vários figurões da Corte portuguesa, entre eles André de Melo e Castro, conde das Galveias e governador de Minas no tempo em que Cláudio começava a desenhar as primeiras letras do alfabeto, entre 1732 e 1735.

Mas os "pastores" portugueses desejavam uma agremiação própria, e em 1756 criou-se em Lisboa a Arcádia Lusitana, um de seus principais membros, ao lado do fundador Corrêa Garção, sendo Antônio Dinis da Cruz e Silva. Mesmo tendo convivido com este em Coimbra, Cláudio não se esforçou para integrar a academia do Reino. Por outro lado, tudo indica que se empenhou nos contatos com a Arcádia Romana.

Ali, entre 1760 e 1766, um outro mineiro, José Basílio da Gama, havia se tornado membro da academia, com o nome de Termindo Sipílio. Apesar de não haver comprovação empírica, muitos críticos concordam que Basílio foi um defensor, junto aos romanos, da criação da colônia ultramarina de Minas Gerais. Comprovado é que, a partir de 1764, Joaquim Inácio de Seixas Brandão — outro habitante de Minas — ostentava um diploma de árcade romano e o nome de Driásio Erimanteu.

Contando com a intervenção de Basílio da Gama e Seixas Brandão em Roma, Cláudio Manuel da Costa procurou criar, em meados de 1768, a Arcádia Ultramarina em Minas Gerais. Basílio da Gama, que andara naquele ano pelo Brasil e havia embarcado de volta ao Reino em 30 de junho, pode ter ido pessoalmente a Vila Rica para cuidar da diligência e estabelecer os detalhes do ato fundador.

A comemoração de aniversários, casamentos e outras efemérides dava oportunidade a celebrações, e muitas das academias ditas "efêmeras" surgiram assim, ao sabor das circunstâncias. Cláudio Manuel da Costa aproveitou a chegada do novo governador de Minas, José Luís de Meneses Abranches Castelo Branco e Noronha, conde de Valadares, para lançar as bases da Arcádia Ultramarina. Primeiro, em 4 de setembro de 1768, organizou no palácio um recital de poesias para celebrar sua posse, verificada cerca de dois meses antes: foi nesse momento, tudo indica, que Cláudio ofereceu a Valadares o cargo honorífico de custódio sob o nome de Pastor Daliso, intitulando-se por sua vez *vice-custódio*. Logo depois, a 5 de dezembro, Cláudio dedicou ao conde, que completava 26 anos, o "O parnaso obsequioso", drama composto à maneira daquele que era o inspirador máximo dos árcades: Pietro Metastasio. No belo manuscrito com que, na ocasião, presenteou Valadares, Cláudio assinou como Glauceste Satúrnio, o nome árcade que o celebrizaria, e com o qual se autodesignou *vice-custódio*.

Conforme observado pela crítica, esse mundo de frivolidade aparente possibilitava ritos de iniciação e incorporação cultural: no "Uraguay", Basílio da Gama transformou o pastor em índio, e Cláudio, na "Fábula do ribeirão do Carmo", leu a natureza local pelo prisma da mitologia clássica.

Nos poemas oferecidos a Valadares naquele segundo semestre de 1768, Cláudio Manuel da Costa lançou mão do tópico da Idade do Ouro, antiquíssimo, para sugerir a necessidade de transformar a ordem das coisas, ou melhor, de fazer que ela voltasse, transfigurada, a ser o que era nos bons tempos de antes. Numa ode, o poeta representou a capitania de Minas como nau desgovernada, passível de ser posta no rumo certo pela mão firme do bom governo — no caso, o que se iniciava. Numa écloga, atribuiu aos pastores a compreensão de que os tempos de carência e de grosseria estavam destinados a terminar porque, do Oriente, avançava um clarão regenerador:

Tudo parece novo já no monte,
De nova gala as árvores vestidas,
Risonha a flor, risonha a clara fonte!

Mas ainda havia, considerou o poeta, um longo caminho pela frente. Encerrando o ato acadêmico, Cláudio Manuel da Costa lamentou, numa passagem muito citada, a desproporção entre o anseio de cultuar as musas e a limitação imposta pelo meio rústico:

Uns gênios educados em um tão bárbaro país, em um país acostumado mais a ouvir os rugidos das feras que a harmonia das Musas, como poderiam produzir cadências que fossem dignas de chegar a uns ouvidos que se criaram entre a delicadeza, ao concerto?

Sem as musas não havia História, perdia-se a rememoração dos feitos; para poetas do sertão, não restava alternativa senão ir tangendo acanhadamente a lira possível. Cláudio suplicava ao conde que relevasse "a desconcertada harmonia" das musas locais, aceitasse o elogio de que eram capazes bem como a designação de custódio daquela Arcádia rude e acanhada. Com o tempo, homens como ele e iniciativas como aquela acabariam polindo e civilizando o meio inculto.

Se havia a aspiração legítima e sincera de forjar uma sociabilidade letrada nas Minas e ali sedimentar a voga nova que ia pela Europa, o empenho de Cláudio em criar a Arcádia Ultramarina e cortejar o jovem governador tinha também objetivos mais imediatos e comezinhos. Queria de volta o emprego de secretário que Luís Diogo Lobo da Silva lhe havia tirado. Se o conseguiu, as evidências não permitem afirmar, existindo alguns indícios de que tornou a responder pela secretaria, e outros a sugerir que tal não ocorreu. Como se viu, Valadares fez corpo mole quando o poeta-bacharel quis ser procurador vitalício da fazenda, mas, meses antes, em 9 de abril de 1769, o designara juiz das demarcações de sesmarias. Em maio, ele voltava às atividades da Câmara, eleito fiscal para o trimestre de agosto, setembro e outubro. O conde ainda governava Minas quando Cláudio recebeu o hábito de Cristo, passou a participar intensamente das atividades da nova Casa da Ópera e a advogar as causas da Ordem Terceira de São Francisco. Quando Valadares deixou o cargo ao sucessor, Cláudio estava no ato, mais para se despedir que para saudar o novo governante, Antônio Carlos Furtado de Mendonça, um desastre completo, logo removido para operações militares em Santa Catarina.

O episódio da Arcádia Ultramarina e de "O parnaso obsequioso" marcaram na produção de Cláudio o início de um ciclo de poesias encomiásticas que se estenderia até meados da década, quando trocou o elogio dos poderosos pela crítica ácida a eles, se é verdade que foi sua, como muitos afirmam, uma das penas que, entre 1784 e o início de 1789, compuseram o notável poema satírico conhecido como "Cartas chilenas". No ciclo das poesias de elogio, compreendido entre 1768 e 1784, as reuniões literárias em ambiente privado, muitas vezes nas salas do palácio do governador, haviam feito as vezes de sessão acadêmica.

Nos anos anteriores, Cláudio escrevera alguns importantes poemas encomiásticos, como os dirigidos a Pombal e a Gomes Freire de Andrade. Depois do "Parnaso", ofereceu-os, sistematicamente, aos governadores locais. Para d. Antônio de Noronha, governador entre 1775 e 1780, escreveu um bonito "Canto heroico", no qual a capitania de Minas lamentava a partida do governador, chamado em socorro do Rio de Janeiro ante a ameaça de invasão espanhola (que nunca aconteceu, daí que d. Antônio também nunca partiu). Escreveu ainda um soneto pouco expressivo e uma bonita "Fala", destinada a comemorar o avanço da colonização em zonas fronteiriças e na qual o índio, grato por ser incorporado ao âmbito da vida civilizada, louvava o zelo do bom governante e o comparava a Pedro, o Grande, tsar da Rússia.

Menos bonita e menos conhecida, a parte mais curiosa dessa produção encomiástica é o grupo de treze éclogas, odes e sonetos dedicados a dona Maria José de Eça e Bourbon, mulher de d. Rodrigo José de Meneses, que chegou às Minas com ele e três filhos — um nascido na travessia marítima — no início de 1780, ali se demorando até o final de 1783. Em Vila Rica, o casal, que era muito jovem, aumentou a prole com mais duas meninas e um menino.

D. Rodrigo foi o primeiro governador de Minas a trazer consigo a família. A presença da mulher, sobretudo, deu à vida do palácio um certo colorido de corte, mesmo se de aldeia. Dona Maria José fazia as honras domésticas, recebendo os poetas locais, que ali recitaram versos de elogio à família. Foi por ocasião do nascimento de José Tomás, o caçula da prole, que Alvarenga Peixoto compôs o "Canto genetlíaco", um de seus melhores trabalhos.

Esses encômios domésticos e afetivos celebravam as virtudes familiares e, por meio delas, indiretamente, a pessoa do governador. Nos poemas de Cláudio, retrata-se um tempo de calma e tranquilidade, sem lobos a rondar, o rebanho pastando solto e o pastor dormindo com a porta aberta porque uma "ilustre Maioral" — dona Maria José — havia chegado do Reino e transportara consigo a idade de ouro, pondo fim à época de dificuldades que se havia abatido sobre a região.

O mal, que aos nossos gados agoirava,
De sorte fugiu já, que não tememos
O contágio da peste e a fera brava.

Não foi apenas por ter trazido a família a Minas que essa afetivização da poesia encomiástica ocorreu sob o governo de d. Rodrigo. Nunca, como então, as relações entre o governo e as elites locais haviam sido tão próximas, esboçando-se inclusive a possibilidade de um projeto comum para a capitania, abatida pela diminuição dos rendimentos auríferos. Sociabilidade literária e convergência de interesses político-econômicos eram duas faces da mesma moeda.

Em 1784, contudo, encerrou-se o tempo da harmonia. Desmanchando arranjos antigos e promovendo homens de extração mais modesta, Luís da Cunha Meneses, o novo governador, descontentou muitos dentre a elite local, inclusive o grupo dos poetas árcades. As "academias" informais, que tinham encontrado abrigo no palácio do governo, se viram constrangidas a migrar para o espaço privado das casas. Deve ter sido nelas que remanescentes das tertúlias do tempo de dona Maria José e d. Rodrigo esboçaram as "Cartas chilenas", poema satírico que recorria à linguagem mais popular e criticava com violência tanto Cunha Meneses — ali chamado de "Fanfarrão Minésio" — como seus apaniguados, que aparecem sob nomes fictícios, às vezes corruptelas dos nomes reais.

A grande figura por trás das "Cartas chilenas" é a de Tomás Antônio Gonzaga, hoje considerado o seu verdadeiro autor. Ninguém duvida, contudo, que outros letrados também contribuíram nas "Cartas", em reuniões animadas, rindo-se do governador e dos novos poderosos, sugerindo versos e polindo os já escritos. O ambiente no qual o poema satírico surgiu não esteve muito longe, portanto, daquele no qual vicejaram

155

as academias: elas de certa forma prepararam a sociabilidade crítica subjacente à realização das "Cartas".

Cláudio Manuel da Costa, o principal "letrado da aldeia", parece ter desempenhado papel decisivo em todo o processo. Chegando aos sessenta anos, dono de notável formação humanística, autor de versos publicados no Reino, tinha grande ascendência sobre os letrados mais jovens, como Alvarenga Peixoto, que beirava os 47 anos, e Gonzaga, que ia completar 45. Depois de polir sua obra lírica, exercitar-se nos encômios e arriscar um malsucedido poema épico, pode ter sido consultor permanente da sátira, emendando-lhe muitos dos versos e escrevendo a "Epístola a Critilo", que antecede as "Cartas".

Velho e sem saúde, o poeta-bacharel tinha mudado bastante: sempre afável no trato social, sempre melancólico quando às voltas com os processos e as composições, mas cada vez mais reticente quanto às certezas da juventude, fosse no estilo rebuscado — que ia abandonando, ou queria abandonar —, fosse na fidelidade irrestrita ao rei e a sua capacidade de controlar as conquistas ultramarinas.

Por isso, escreveu na "Epístola" que a sátira de Critilo — nome sob o qual se ocultava Gonzaga — seria lembrada toda vez que a "humanidade, enfim desagravada" das injúrias sofridas, soltasse os ferros "tintos do fresco, gotejado sangue". E os monarcas, inspirados naquelas "Cartas", consultariam sábios antes de escolher governadores

> ...que a remotos climas
> determinam mandar, deles fiando
> a importante porção do seu governo...

Quando não adotassem tal critério, podiam pôr em risco a segurança do Reino e acabar vendo as possessões longínquas dirigidas por monstros, já que a linhagem não era mais garantia de mérito, e dos heráldicos leões e águias de outrora iam, cada vez mais, nascendo pombas e cordeiros. Os versos de Critilo, concluía Cláudio na "Epístola", funcionariam como um espelho a refletir as cores e a imagem dos ímpios chefes, que nele se veriam arguidos

> *pela face brilhante da virtude,*
> *Que, nos defeitos de um, castiga a tantos.*

No percurso intelectual de Cláudio, as academias e os poemas de elogio haviam desempenhado um papel importantíssimo. Foram bem mais que mero exercício bajulatório e subserviente, abrindo espaço para que, muitas vezes de modo meio oculto e cifrado, o poeta imaginasse o triunfo da civilização sobre a barbárie, o dever do bom governo em promover o benefício dos povos. Quando louvava gente de governo, como Valadares, d. Antônio ou dona Maria José, destacava-lhes as virtudes capazes de promover a superação do momento difícil atravessado pela capitania de Minas, corrigindo a decadência do ouro por meio de medidas reformadoras e ilustradas.

Entre o tempo de Coimbra, quando escrevia poemas de louvor aos figurões da Ordem de Santo Agostinho e este de Minas, no qual celebrava — ou atacava — governadores em serviço na América portuguesa, abrira-se um oceano. Pode ser que Cláudio Manuel da Costa nunca tenha percebido com clareza que, após tê-lo cruzado num sentido, jamais conseguiria fazê-lo no sentido inverso. Já se iam trinta anos, o rapazinho que ele fora um dia havia ficado para trás, a vida junto ao pátrio ribeirão o tinha transfigurado: a ele e a sua poesia.

O poeta ia acertando o passo com os mais jovens, mas, com frequência cada vez maior, desconfiava que talvez fosse tarde demais.

19. Dilaceramento

A vós, Pastor distante,
Bem que presente sempre na lembrança,
Saúde envia Alcino, que a vingança
Da fortuna inconstante,
Do bárbaro destino,
Chora na própria terra peregrino.
(EPÍSTOLA I — ALCINO A FILENO)

Cláudio Manuel da Costa viveu num tempo que não via a criação artística do modo como é vista hoje, após a revolução avassaladora desencadeada pelo romantismo. A liberdade de expressão era restrita, fosse pela censura do rei e seu governo, fosse pelos limites, muitas vezes estreitos, impostos pela religião, fosse porque — e este era o ponto fundamental — só se podiam trilhar caminhos conhecidos, lançando mão de fórmulas consagradas. Tivesse ele uns anos a menos e possivelmente tudo seria mais fácil: menos atormentado, mais confortável em sua pele de poeta de aldeia, versejando com mais liberdade, capaz de pôr no papel, sem tanto polimento e indecisão, o que via da janela, nas andanças pelo mato e que lhe sacudia os sentimentos.

Mas não. Cláudio esteve, como disse o crítico Antonio Candido, no limiar de um novo estilo, e alguns sonetos mais leves e claros chegaram a ser atribuídos a seu amigo Tomás Antônio Gonzaga, para quem a ordem direta das frases e certa liberdade no estilo eram manejadas sem maiores problemas. O passado era vivido por Gonzaga de modo diverso, mesmo que, como Cláudio, pagasse, a cada verso, tributo a grandes exemplos da tradição grega e latina. Conservador em outros aspectos, Gonzaga pôde ser mais livre como poeta, e talvez porque, filho de um magistrado luso-brasileiro, nasceu português.

Com Cláudio se deu o contrário: o pai português veio embora, os filhos brasileiros tornaram ao Reino para estudar e alguns ficaram por lá. Cláudio voltou mas passou a vida se debatendo com a sombra dos gigantes do passado, sentindo-se sempre pequeno e mesquinho, puxando a rédea cada vez que a enorme sensibilidade linguística e criativa atropelava os exemplos e tentava empurrar para diante a imaginação. As montanhas rochosas da sua capitania natal o emocionavam e irrompiam nos versos, quebrando a crosta, aqui e ali, do câne europeu, afastando as faias, turvando de barro os claros ribeirões. Os sonetos, os poemas encomiásticos, o "Vila Rica", tão irregular e ao mesmo tempo tão cheio de possibilidades mal exploradas, ostentam profusão de pequenos fragmentos mais ou menos tímidos da paisagem mineira.

Como avançar? Só se fosse outro homem. Que não sentisse uma identificação profunda com o seu Reino, uma afeição verdadeira e respeitosa pelo rei e pelos ministros, o amor pela língua culta portuguesa, que era, de fato, a sua língua. Que não se visse compelido a agradar e elogiar: não por mera bajulação, mas, conforme o espírito da época, para ser querido, honrado, respeitado e, de quebra, conseguir vantagens, pois precisava disso. Era um arrivista empenhado em inventar tradições para si e para a sua região, e, mais que para outros — como Gonzaga ou Alvarenga Peixoto, muito rico e muito perdulário, mais próximo, portanto, do modelo artistocrático —, a riqueza para ele era fundamental. Letrado rico e dilacerado, ciente de que, na Corte, poetas como Alcipe lhe riam às costas. Fossem nascidos na África ou no Brasil, os vassalos das conquistas ultramarinas não passavam, aos olhos dos homens cultos do Reino, de um bando de cafres: apesar de se vestirem como os homens abastados de Lisboa, do Porto ou de Coimbra; de falarem português e, quando muito bem-dotados, manejarem a língua com maestria.

Durante a maior parte da vida, Cláudio agasalhou-se na estética mais rígida do Seiscentismo da mesma forma que os bacharéis brasileiros do Império se esconderiam atrás dos circunlóquios e do rebuscamento formal para compensar um inelutável sentimento de inferioridade ante o modelo civilizacional nórdico, o da Europa ou dos Estados Unidos da América. Quase cem anos depois, Castro Alves, poeta genial, abastado e bonito, poderia se lançar de corpo e alma na luta antiescravista, como se não houvesse, no seu círculo familiar, dinheiro do tráfico de escravos. Então, o Brasil era um país independente, e o poeta, um patriota brasileiro.

Cláudio não podia. Nem casar com a companheira negra que lhe deu os cinco filhos, e com quem permaneceu até o final. Como ficariam as honrarias que perseguia, o hábito de Cristo, o cargo de procurador da Fazenda, tudo amarrado pelas exigências restritivas do *status* e da legislação sobre pureza de sangue?

Levado pelo sentimento e por seus ímpetos mais apaixonados, envolveu-se nas discussões sobre o destino da capitania, esperançoso de encontrar saída para os conflitos que, desde menino, lhe apertavam o peito, o faziam sentir-se um desterrado na própria terra, como observou mais de um crítico.

Quando, ainda bem moço, voltou de Coimbra, pensou que poderia ser um poeta à europeia. Mas a terra era outra, os gênios — escreveu anos depois no "Prólogo" das *Obras*, publicadas no Reino — eram grosseiros, as ninfas de inspiração clássica ficavam deslocadas e soavam falso: tornavam-se fingidas. Em Minas, conquista ultramarina, não havia "as venturosas praias da Arcádia, onde o som das águas inspirava a harmonia dos versos". A corrente dos ribeiros era "turva e feia", quase incapaz de arrebatar as ideias de um poeta, já que o incessante trabalho minerador revolvia o leito, sujando as águas e "lhes pervertendo as cores". As *Obras* contavam entre os primeiros livros escritos por poetas nascidos no Brasil a chegarem ao mesmo Brasil, um ano antes — 1768 — do celebradíssimo *Uraguay*, de Basílio da Gama, se bem que mais de meio século após a *Música do Parnaso*, de Botelho de Oliveira. Para abrir seu livro, Cláudio escolheu uma citação latina tirada das *Geórgicas*, de Virgílio:

> *No pouco de vida que me resta, eu, o primeiro que volta,*
> *Levarei comigo do monte aônio as Musas para a Pátria.*

Não foi pouca a vida que lhe restou. Deu tempo para digerir os clássicos que alimentaram sua formação, limar com paciência e método os versos ensaiados ainda quando na universidade, celebrar os poderosos, lutar por cargos, juntar muito dinheiro, consolidar amizades e prestígio. Deu tempo para, na soleira da velhice, render-se de vez às ideias ilustradas, cantando nos versos a luta da civilização contra a barbárie e se aventurando, junto com companheiros mais moços, num plano de revolta regional que feria o coração da soberania monárquica.

Para usar imagens que lembram uma célebre polêmica intelectual acontecida na França nos séculos XVII e XVIII — a dos Antigos contra os Modernos, estudada por Marc Fumaroli, em quem aqui me baseio —, Cláudio Manuel da Costa teve um pouco de abelha e um pouco de aranha. Formado pelos clássicos, hesitou muito ante a nova linguagem do século XVIII, mais clara, direta e racional. Hesitou menos ante as ideias políticas, ao que parece. Abelha, sugou o néctar de flores diferentes para fabricar seu próprio mel e sua própria cera: transformando a matéria emprestada à tradição para moldá-la em obra própria, como escreveu Montaigne, cultor dos Antigos. Aranha, extraiu de dentro de si "o fio abstrato com que fazia sua teia geométrica", ou, para lançar mão de outra imagem, limando racional e obsessivamente seus versos. Essa também é uma das expressões da sua ambivalência e do seu dilaceramento.

A ambivalência e o dilaceramento do poeta possibilitaram que sobre ele se tecessem considerações às vezes conflitantes e, apesar disso, igualmente verossímeis. Se a imaginação voava e o transportava para terras longínquas, o coração pertencia à pátria por inteiro, observou Sérgio Buarque de Holanda: desterrado na própria terra, Cláudio moldou, na lírica, sucessivas canções do exílio às avessas, no sentido contrário ao percorrido, entre outros, por Gonçalves Dias no século seguinte. Amante da pátria, queria fugir para o Reino. Já Antonio Candido percebeu que, escondidos pela disciplina e pelos cânones evidentemente europeus, pulsavam em Cláudio Manuel os indícios de uma sensibilidade estética nova, colorida pela região e quase nacional. Analisando o "Soneto C", mostrou como o poeta tomava emprestado das musas o canto que prezava e admirava para, com ele, trazer para o solo mineiro um acervo de imagens europeias — "a Ninfa, o pastor, a ovelha, o touro" — e, criando um "assunto maior", espantar o mundo, criando um fecho extraordinário:

Que muito, ó Musa, pois que em fausto agouro
Cresçam do pátrio rio à margem fria
A imarcescível hera, o verde louro

Para nós, o tormento de Cláudio Manuel da Costa permanece mais do que familiar: é constitutivo do nosso modo de ser, sempre a cavaleiro da Europa, da África e da América. Por isso, o poeta parece às vezes uma espécie de patrono do dilaceramento cultural e identitário dos homens de letras luso-brasileiros e, logo depois, brasileiros: todos carregam um pouco de Cláudio dentro de si.

Ele, contudo, não conseguiu carregar-se a si próprio. Dado a um ânimo melancólico, os revezes do destino, quando chegaram, atiraram-no num torvelinho:

Continuamente estou imaginando
Se esta vida, que logro, tão pesada
Há de ser sempre aflita, e magoada,
Se com o tempo enfim se há de ir mudando.

Em golfos de esperança flutuando
Mil vezes busco a praia desejada;
E a tormenta outra vez não esperada
Ao pélago infeliz me vai levando.

Tenho já o meu mal tão descoberto,
Que eu mesmo busco a minha desventura,
Pois não pode ser mais seu desconcerto.

Que me pode fazer a sorte dura,
Se para não sentir seu golpe incerto,
Tudo o que foi paixão, é já loucura!
(SONETO XXXVII)

20. Conversas perigosas

A capitania de Minas Gerais havia mudado muito desde que, jovem bacharel, Cláudio Manuel da Costa subira a montanha para se fixar na terra natal. Uma vez desaparecido o conde de Bobadela, em 1763, os governadores mandados do Reino andaram à cata de novas soluções para os impasses econômicos, apoiando-se, sempre que possível e desejável, nos homens importantes da região. Ou o ouro escasseava, ou o contrabando fugia por completo do controle: impossível saber o que acontecia, mas inquestionável mesmo era o decréscimo constante dos tributos arrecadados pela Coroa.

Pombal tentara por todos os meios impedir que a vida econômica do Império português fugisse ao controle do Estado, mas percebera da mesma forma que não havia como conservar domínios tão vastos sem conferir atribuições importantes aos naturais da terra: para ele, por exemplo, as forças que deveriam defender o Brasil eram as do mesmo Brasil. Como outros reinos no mundo do Antigo Regime, o Portugal pombalino lançou mão de particulares para cobrar alguns impostos: os *contratadores*, figuras típicas da época, das quais já se falou aqui. Ao longo das décadas de 1770 e 1780, os contratadores se tornaram importantíssimos em Minas: não apenas os que arrematavam a mineração dos diamantes, como o padrinho de Cláudio e seu filho, os dois João Fernandes de Oliveira, mas também os que exploravam as *entradas*, ou seja, os postos nos quais era obrigatório pagar impostos sobre toda mercadoria que entrasse na capitania. Esses postos, ou *passagens*, ficavam muitas vezes nas margens de rios, e se tornaram pontos de encontro e troca de informações.

Foi assim que as elites locais ganharam valentia, e nas Minas, terra de povoamento recente, mais ainda que em outros lugares. Os ricaços passaram a mandar os filhos para Coimbra numa proporção muito maior que a existente na época de João Gonçalves, o pai de Cláudio. Na década de 1780, os jovens nascidos em Minas começaram a cursar também outras universidades europeias: Montpellier, Bordéus, Edimburgo. Voltavam cheios de ideias e de informações novas, trazendo na bagagem livros que se liam lá fora e que nem sempre a censura portuguesa tolerava em seus domínios.

Com a morte de Pombal e a correção de rota realizada pelo novo governo, no qual a figura de destaque foi Martinho de Melo e Castro, as coisas começaram a mudar. D. Rodrigo José de Meneses foi, nas Minas, o último desses administradores pombalinos que procuravam governar junto com as elites, temperando a rigidez necessária do governo colonial com boas pitadas de tolerância e brandura, misturando, conforme ia se tornando comum dizer, o amargo com o doce. Foi sob o governo de d. Rodrigo que se estabeleceu em Minas um grupo coeso e relativamente harmonioso, adepto de ideias reformistas ilustradas, ou seja, de medidas que implementassem mudanças importantes sem contudo alterar drasticamente a ordem vigente: mantendo, em última instância, o regime monárquico, o escravismo e o vínculo colonial.

Cláudio deve ter ficado feliz ao ver chegarem às Minas, no espaço de poucos anos, bacharéis mais jovens que ele e também dados às letras, como Inácio José de Alvarenga Peixoto, em 1776, e Tomás Antônio Gonzaga, em 1782. Ambos haviam se formado em Coimbra no ano de 1768 e vinham designados como ouvidores: Gonzaga para a comarca de Vila Rica, Alvarenga para a do Rio das Mortes. Gonzaga pertencia a família de magistrados, o pai acabara de ser nomeado para a Casa de Suplicação de Lisboa; Alvarenga era fluminense, filho de comerciante português abastado e de mãe brasileira; apesar das diferenças, tinham, além da amizade, relações de parentesco. Gonzaga persistiu no cargo, Alvarenga logo o deixou para se dedicar a negócios mais ousados, comprando terras de agricultura e de mineração, tornando-se riquíssimo em pouco tempo. Tanto o magistrado quanto o magnata eram poetas, e muito bons.

Aos poucos, outros letrados e burocratas foram se agregando a esse grupo: o cônego da Sé de Mariana, Luís Vieira da Silva; o intendente do ouro Francisco Gregório Pires Monteiro Bandeira; os doutores José Pereira Ribeiro e seu tio Diogo Pereira Ribeiro de Vasconcelos. Cláudio era o mais velho de todos, e possivelmente o mais respeitado, fosse pelo talento poético, fosse pelo prestígio adquirido como advogado. Era um homem rico, conservara a fazenda paterna do Fundão e adquirira o sítio e as lavras do Canela, neles mantendo roça, criação, datas minerais, moenda, engenho. Seus negócios iam bem, guardava sempre na casa da rua do Gibu uma quantidade considerável de ouro, e, num mundo sem bancos, a ele acorriam os que precisavam de empréstimo: mais que usurário — como muitos o consideraram —, o poeta-bacharel era um financista. Fosse como banqueiro, fosse como advogado, Cláudio tinha entre seus clientes alguns dos principais contratadores da capitania: Francisco Teixeira de Queiroga, João Rodrigues de Macedo, Domingos de Abreu Vieira e, no início de 1789, Joaquim Silvério dos Reis, todos portugueses. Alguns historiadores sustentaram que andava também metido com o contrabando de diamantes, e uma fala a ele atribuída — de que a independência do país permitiria a livre negociação das pedras por seus "legítimos valores", sem se ter mais que lançar mão do "caminho dos contrabandos" — sugere que de fato andava, assim como outros de seu grupo.

Mais do que corrupção, naquela época e lugar o contrabando configurava atitude contestatória, inconformismo ante as restrições impostas pelo governo português a conquistas ultramarinas riquíssimas, das quais, inclusive, o Reino dependia visceralmente. Talvez parte dos ganhos obtidos com o contrabando se destinasse a fins políticos, como o financiamento de revoltas anticoloniais. De qualquer modo, a atividade punha a nu uma série de contradições, a mais funda delas, talvez, a de se ser, a um só tempo, português e brasileiro, com um pé fincado no Reino e outro na colônia: para o súdito português, o contrabando era crime; para o luso-brasileiro ou — destacando-se, nele, o sentimento regional — para o mineiro, era afirmação de liberdade. Cláudio e outros eventuais contrabandistas por certo se debatiam com essa contradição.

E foi uma era de contradições a que se abriu com a partida de d. Rodrigo e a chegada de Luís da Cunha Meneses, o Fanfarrão Minésio. De 1784 em diante, o ouvidor Gonzaga entrou em rota de colisão com o governador, dele discrepando em todas as matérias, e por qualquer motivo: a arrematação de lavras, a de entradas, o preenchimento da vaga de almoxarife dos armazéns da capitania. Escrevia à rainha acusando Cunha Meneses de favorecer uns poucos apaniguados e perseguir encarniçadamente vassalos honrados e servidores fiéis, como ele mesmo. Desgostava-o ver o desrespeito ao costume do lugar e a promoção de indivíduos intelectualmente nulos ou socialmente obscuros. Nessa cruzada, que se desenrolou, em grande parte, nas sessões da Junta da Real Fazenda da capitania, Francisco Gregório Pires Monteiro Bandeira, o intendente do ouro, foi seu fiel escudeiro.

Crítico de abusos e arbitrariedades, nem por isso Gonzaga deixava de ser dado a favorecimentos. Ajudara Cláudio a defender Alvarenga Peixoto num episódio escandaloso em que este se tinha metido com o sogro, o dr. Silveira e Sousa, ambos arrematando num leilão fraudulento a fazenda do falecido contratador João de Sousa Lisboa, mecenas, nos tempos das vacas gordas, da Casa da Ópera de Vila Rica. Os ex-sócios e fiadores de Lisboa haviam ficado indignados, impugnando a regularidade da operação.

Costurando solidariedades e, eventualmente, enveredando pela seara da contravenção, Cláudio Manuel da Costa se arriscava menos que o amigo Gonzaga, procurando manter bom trânsito junto ao governador e relações bastante próximas com alguns dos seus apaniguados. Contava entre seus clientes o capitão José Pereira Marques, que sob a designação de Marquésio foi duramente estigmatizado por Gonzaga nas "Cartas chilenas".

Entre aqueles que tinham situação de destaque na vida de Minas, o mau governo de Cunha Meneses reforçou solidariedades antigas e estabeleceu outras, novas. A sociabilidade letrada, que vinha crescendo, foi enfatizada e transbordou do núcleo administrativo, representado pelas aglomerações urbanas de Vila Rica e Mariana. Estreitaram-se os contatos com os homens do Distrito Diamantino e da comarca do Rio das Mortes, na qual as vilas de São José e de São João del Rei congregavam uma elite cada vez mais próspera e influente. Alvarenga Peixoto, José Aires Gomes, os Resende Costa — donos de excelente biblioteca —, o padre Carlos Correia de Toledo, todos eram habitantes do Rio das Mortes.

Como Vila Rica sediava a administração e Mariana, o bispado, ambas continuaram, porém, aglutinando a elite ilustrada da capitania. Cláudio Manuel da Costa foi um dos anfitriões constantes de poetas, militares, bacharéis e homens de negócio que, movidos pelas mais diversas razões, acorriam à capital. Não os hospedava, talvez devido ao temperamento um tanto recolhido, dado aos acessos intermitentes de melancolia, talvez para ficar mais à vontade com a companheira negra e a prole mulata; mas oferecia chás, jantares, reunia-os para conversas, declamação de poesias, recitais de música.

Com o tempo, sedimentaram-se relações habituais: quando em Vila Rica o poeta Alvarenga Peixoto e o padre Carlos Correia de Toledo, vigário de São José, se acomodavam na casa de Tomás Antônio Gonzaga, enquanto o cônego Luís Vieira da Silva e o fazendeiro José Aires Gomes, latifundiário do Caminho Novo, ficavam com o contratador João Rodrigues de Macedo. José da Silva e Oliveira Rolim, um padre meio desgarrado, mais contrabandista e infrator que religioso, vinha do distante arraial do Tijuco, no Distrito Diamantino, para se hospedar com o contratador Domingos de Abreu Vieira.

Cláudio, Gonzaga e o cônego Luís Vieira da Silva eram provavelmente os homens mais cultos de Minas. Encheram-se de esperanças quando, em fins de 1786, chegou a notícia de que o visconde de Barbacena estava designado para governar a capitania. Barbacena havia dirigido a Academia de Ciências de Lisboa, sofrera influência das ideias ilustradas a ponto de o considerarem suspeito nos círculos mais conservadores do governo: a nomeação para as Minas tinha até certo tom de castigo, o intuito de afastá-lo da Corte e deixá-lo isolado numa possessão ultramarina. Tudo parecia indicar que os tempos obscuros do Fanfarrão Minésio ficavam para trás, e se voltava à época de ouro, quando d. Rodrigo e dona Maria José recebiam no palácio.

Barbacena chegou em julho de 1788 com a família, mas a mulher vinha adoentada e ele preferiu ficar a alguns quilômetros de Vila Rica, no palácio de Cachoeira do Campo, lugar considerado mais saudável que a úmida e enevoada capital. O que não se sabia, mas logo se soube, é que trazia instruções rigorosas do ministro Melo e Castro, destinadas a aumentar, a qualquer custo, a arrecadação da Coroa e a cortar as asas — e os eventuais privilégios — dos habitantes de Minas.

O tópico mais polêmico das instruções passadas a Barbacena era a aplicação da *derrama*, já que a quantia das cem arrobas determinadas pelo sistema de tributação não eram alcançadas desde a década de 1750. Ninguém sabia ao certo se as instruções determinariam a cobrança de todas as parcelas atrasadas ou apenas o montante referente ao último ano.

Os contratadores das entradas se encontravam entre os que mais deviam à Coroa: haviam arrendado os contratos e não tinham conseguido honrá-los. Sozinho, João Rodrigues de Macedo achava-se insolvente em mais de quatrocentos contos de réis — alguns, como o historiador britânico Kenneth Maxwell, acreditam que chegou a dever mais de setecentos contos.

Macedo é uma das personagens mais interessantes da segunda metade do século XVIII em Minas. Nasceu em Coimbra por volta de 1730, regulando em idade com Cláudio mas pertencendo, diferentemente deste, a uma família muito abastada. Antes de fixar-se em Minas, andou pelo Rio de Janeiro, onde tinha tios e primos atuando como prósperos homens de negócio. Nos fins de 1775, na época em que d. Antônio de Noronha começava a dirigir a capitania, já era figura destacada em Vila Rica, e desde então sempre esteve próximo das esferas de poder, amigo das autoridades e dos potentados — foi sócio tanto do capitão-mor José Álvares Maciel como do opulento José Aires Gomes —, privando ainda da intimidade de sucessivos governadores. Ingressou cedo no mundo dos rendeiros, no final da década de 1750 ou início da de 1760, atuando como caixa do contrato de diamantes do sargento-mor João Fernandes de Oliveira, no Tijuco. Perante a Junta da Real Fazenda da capitania, arrendou sucessivos contratos de entradas e dízimos a partir da segunda metade da década de 1770 e ao longo da década de 1780. Emprestava dinheiro, negociava com muares vindos do Sul, comercializava sal e açúcar. A partir de 1787, sua enorme casa assobradada junto à ponte da rua São José se tornou local de reuniões na vila, frequentada, entre outros, pelo cônego de Mariana, Luís Vieira da Silva, por seu compadre Alvarenga Peixoto, que vivia em São João del Rei, por Tomás Antônio Gonzaga e Cláudio Manuel da Costa.

Cláudio era advogado de outros contratadores — Domingos de Abreu Vieira, Joaquim Silvério dos Reis, Manuel Teixeira de Queiroga, Ventura Fernandes de Oliveira —, e decerto se preocupou muitíssimo com a situação, cogitando se ia ficar a ver navios, todos esses homens incapazes de lhe pagar pelos serviços que vinha prestando: a maior parte de seu patrimônio, aliás, residia em créditos ativos, ou seja, em dinheiro emprestado a terceiros. Pode ser que tenha até, como sustentou Márcio Jardim, conversado com Barbacena sobre um levante, atraindo-o para a defesa dos interesses locais. Mas não há provas disso.

O que os fatos registram é um governador meio distante e alheio, às voltas com experiências de história natural na Borda do Campo, os boatos correndo velozmente pela capitania e se distorcendo conforme aumentavam as distâncias, tudo contribuindo para que os ânimos se exaltassem e a insegurança passasse a dominar. Sabe-se que nas reuniões habitualmente organizadas por Cláudio se conversou muito sobre a derrama, como aliás em todas as casas dos homens ricos da capitania. Na qualidade de intendente do ouro, Pires Bandeira deveria providenciar o lançamento do imposto. Gonzaga, parece, fez gestões junto aos responsáveis para que se requeresse a derrama por todos os anos em atraso, a impossibilidade do pagamento ficando assim mais visível, e o ambiente mais propício à revolta.

A chegada de Barbacena e a boataria sobre a derrama agravaram uma situação que vinha de longe. Desde os primeiros tempos do povoamento, constituíra-se em Minas Gerais uma cultura política específica, marcada pelo conflito e pela irreverência. O território vasto e acidentado, a composição complexa da sociedade só agravavam as coisas: muito negro, escravo e livre; muito índio bravo, muito arrivista sem escrúpulo, tradições tênues e ainda por sedimentar, muita riqueza convivendo com a pobreza mais abjeta. Em 1720 houvera um levante de poderosos contra o estabelecimento das casas de fundição, e um pequeno comerciante, Filipe dos Santos, acabara morto e esquartejado sem julgamento, fazendo que o governador, conde de Assumar, fosse seriamente repreendido. Em meados da década de 1730, quando se procurou, mais uma vez, mudar o sistema de tributação, uma série de motins sacudiu os sertões do médio rio São Francisco, ameaçando o controle português sobre a região. Isso sem falar da centena de quilombos espalhados pela capitania e dos boatos recorrentes de que um levante escravo ia pôr a perder o controle dos poucos brancos sobre a multidão dos negros e mestiços despossuídos.

Não há como saber ao certo se os acontecimentos de 1789 nasceram do contexto imediatamente anterior ou se têm raízes nessa considerável tradição insurgente, que pulsou ao longo de todo o século XVIII mineiro. Nem é possível asseverar se os homens punidos pela Coroa portuguesa por crime de inconfidência quiseram matar o governador Barbacena ou atraí-lo para a sua causa; se almejaram mesmo instaurar uma república no Brasil, libertar os escravos, fundar em Vila Rica a primeira universidade do país, transferir para a próspera vila de São João del Rei a capital da região, criando, ainda, uma casa da moeda, fundindo ferro, dando livre curso ao estabelecimento de manufaturas. Tampouco se pode ter certeza sobre a identidade dos inconfidentes: Gonzaga, Cláudio e o cônego de Mariana estiveram de fato entre os conspiradores ou só se viram envolvidos na trama por conta do prestígio que desfrutavam como homens cultos e civilizados? E a conspiração: seria quimera ou plano bem arquitetado, que só falhou por um triz?

Mesmo que o movimento tenha vindo lá de trás para, como onda, explodir em março de 1789, quando, em pânico, alguns dos conjurados começaram a denunciar, o epicentro do tumulto ocorreu no segundo semestre de 1788. Então, as expectativas em torno do governo de Barbacena se haviam desvanecido, enquanto a animosidade dos homens graúdos só fazia crescer, alimentada por boatos e rumores. Como os do encontro, ocorrido de fato, de José Joaquim da Maia com o embaixador norte-americano Thomas Jefferson, então representante do governo da jovem República junto ao reino da França. José Álvares Maciel, que chegara a Minas um pouco antes, no mês de março, alardeara o ocorrido e contara ainda maravilhas sobre a Inglaterra, devaneando sobre as potencialidades da capitania natal, riquíssima em ferro.

Animosidade engrossada por novas influências, maçônicas, talvez — maçons parecem ter sido o contratador Macedo, o jovem Maciel e ainda Domingos Vidal de Barbosa Lage, recém-formado em Bordéus após um período de estudos na universidade de Montpellier, onde captara ecos da vaga reformista e ilustrada que desembocaria, durante o ano seguinte, na Revolução Francesa. Animosidade alimentada, sem dúvida, pela leitura de autores ilustrados, como Voltaire, Montesquieu, Raynal, bem como de resumos de leis referentes aos Estados Unidos da América, que haviam proclamado a independência ante a Grã-Bretanha e a garantido por meio de uma guerra dura, terminada havia poucos anos.

No segundo semestre de 1788, a 8 de outubro, Alvarenga Peixoto batizou, de uma só vez, dois dos filhos pequenos na vila de São José do Rio das Mortes, a cerimônia sendo realizada na Matriz de Santo Antônio pelo padre Carlos Correia de Toledo. De Vila Rica foram, com certeza, o contratador Rodrigues de Macedo e Gonzaga, padrinho da criança mais nova. Por bebedeira, pilhéria ou mera temeridade, falou-se de cortar a cabeça de Barbacena, fazer do padre Correia bispo, de Bárbara Heliodora, mãe dos pequenos, rainha do Brasil e, para coroar tudo, da capitania "um formidável Império".

Cláudio não foi, temendo talvez viajar quando já se sentia doente. Gonzaga andava envolvido com questões de natureza pessoal que o podiam desviar de eventuais intuitos sediciosos. Noivo de uma mocinha pertencente à elite de Vila Rica, Maria Doroteia Joaquina de Seixas, e evidentemente apaixonado, acabara de receber a notícia de sua nomeação para o Tribunal da Relação da Bahia, o seu sucessor na ouvidoria de Vila Rica, Pedro José de Araújo Saldanha, tendo chegado à capital havia poucos dias. Mas o tempo não parava. No mês anterior, José Aires Gomes, uma das maiores fortunas de Minas, se deslocara de suas fazendas na Mantiqueira para, na casa de Macedo, conversar sobre o levante. No Rio das Mortes, as adesões ao movimento cresciam, costuradas por solidariedades mais antigas: Luís Vaz de Toledo Pisa, irmão do padre Correia, era sargento na companhia de cavalaria auxiliar que o coronel Francisco Antônio de Oliveira Lopes, fazendeiro muito rico e muito gordo, comandava em São João del Rei. Na vila vizinha de São José, Resende Costa, o pai, ocupava o posto de capitão de cavalos no regimento dos auxiliares, e suas fazendas eram contíguas às do padre Carlos Correia de Toledo.

Até dezembro, foi um não mais acabar de conversas. Entre o dia 15 e o fim do mês, já às vésperas da troca habitual dos vereadores da Câmara, aconteceram várias reuniões: na casa de Domingos Abreu Vieira, na de João Rodrigues de Macedo, na de Gonzaga, na de Cláudio, na de Diogo Vasconcelos, na do cônego, em Mariana, na do padre Correia, em São José... A única bem conhecida e documentada ocorreu no dia 26, em casa do coronel Francisco de Paula Freire de Andrade, chefe militar das Minas, estando presentes Álvares Maciel, que era seu cunhado, os padres Rolim e Correia e mais o alferes Joaquim José da Silva Xavier. Mandaram chamar Alvarenga Peixoto, que jogava gamão na casa do contratador Macedo e que, fazendo corpo mole, respondeu que iria assim que passasse a chuva. Acabou indo e participando de discussões depois evocadas como importantíssimas.

Mais uma vez, Cláudio não foi. Talvez, junto com Gonzaga e o cônego, já estivesse desistindo de aderir a algo que ia se tornando perigoso demais. Enquanto os encontros se limitaram à discussão de teorias sobre o governo mais justo — se o dos monarcas absolutos, o dos constitucionais ou, quem sabe, o da República — ou sobre o destino das colônias, que, a exemplo das norte-americanas, poderiam um dia se tornar independentes, os letrados mantiveram aceso o interesse. Eram homens de ideias, de academias, afeitos a perseguir a palavra que melhor expressasse o que lhes ia pela cabeça. Já matar governadores, pôr tropa na estrada, terçar armas e derramar sangue não eram coisas com as quais tivessem familiaridade.

Contudo, os fatos atropelaram os desígnios dos letrados. As reuniões de caráter mais privado e literário foram ganhando espaços e conotações mais públicas, as ideias discutidas numa varanda ou num quintal particular ecoando em tavernas, passagens de rios e até em prostíbulos. Os indícios de publicidade parecem ter assustado muitos dos conjurados. No começo de 1789, entre janeiro e março, tudo indica que as conversas arrefeceram e o movimento refluiu. Alvarenga se retirou para a fazenda na Paraopeba, e Freire de Andrade, para a sua dos Caldeirões. Além do que, a muita chuva desses meses não favorecia idas e vindas por estradas lamacentas, sendo melhor que cada um ficasse quieto no seu canto.

Em março, o cônego Luís Vieira da Silva esteve em Vila Rica pregando nas exéquias do infante d. José, príncipe do Brasil, falecido a 11 de setembro do ano anterior e que, conforme a praxe, deveria ser chorado em todas as conquistas do Império. Estava dada a oportunidade de nova reunião, e dessa vez aconteceu na casa de Gonzaga: foi quando Luís Vieira perguntou do levante, e o ouvidor respondeu que a melhor ocasião para isso se perdera. Talvez já se soubesse que o governador ia suspender a cobrança da derrama: a carta que enviou às Câmaras, comunicando a decisão, data do dia 25, mas parece que a Câmara de Vila Rica fora informada antes, a 14 de março. Alvarenga, hospedado havia algum tempo com Gonzaga, insistiu na realização do levante: que se esperasse, uns dois anos até, pois havia sal e pólvora, mas que não se desistisse.

Não há indício seguro de que Cláudio tenha ido a essa reunião. Mas aproveitou a estada do amigo cônego para oferecer um jantar na rua do Gibu, incluindo, entre os convidados, o intendente Pires Bandeira. Na varanda, depois de comerem, voltaram a falar do levante, atentos, contudo, a um momento de distração de Bandeira, que tomava ar na sacada. Com cólicas de fígado, Gonzaga se recostou numa esteira, sobre os degraus da varanda, enrolado no seu capote escarlate: nada mais doméstico, nada mais exemplar do aspecto obrigatoriamente privado que as reuniões sediciosas tinham que assumir em tempos de governo absoluto.

Mas então já era voz corrente que se conspirava em Minas, e que os letrados mais importantes da capitania integravam o grupo sedicioso. Profissionais das palavras, eles deveriam saber, melhor que ninguém, o poder que elas tinham e o *status* que eram capazes de conferir, numa sociedade regida pelo privilégio e assentada na profunda exclusão social. Palavras que se propagavam com a rapidez do incêndio e distorciam a mensagem originária, transformando em realidade, uma vez enunciadas, o que até então era apenas virtual. Os letrados sabiam que, como nos rituais mágicos, bastava proferir as palavras certas para fazer acontecer.

Uma testemunha dos fatos então ocorridos escreveu que, afinal, aquela conspiração só havia sido tratada em palavras. Para os homens de hoje, isso significaria que ela não aconteceu, nem ofereceu perigo. Para os homens de então, o sentido era bem outro. Cláudio, Gonzaga, Alvarenga, o cônego — pelo menos eles, que eram letrados, mas muito provavelmente também os demais, que eram homens de ação, militares, negociantes — perceberam que o rumo dos acontecimentos havia mudado drasticamente.

21. Tragédia

Como não pode haver bem tão seguro
Que o não estrague a bárbara mudança,
No mar incerto do destino escuro,
Tornou-se horror a plácida bonança.
(ÉCLOGA XIII, SÍLVIO)

O temor de todos era que as conversas tivessem desandado em tragédia. O que se seguiu, daí em diante, revela muito da personalidade de cada um. Gonzaga, mais frio e ponderado, correu a Cachoeira do Campo para ver Barbacena. Não se sabe o que conversaram, parece que procurou negociar, chamar o governador à razão — seja porque ele já sabia de tudo mas ainda não tomara providências, e então poderia ser influenciado, seja porque soubera o tempo todo e, como suspeitaram vários historiadores, como Lúcio José dos Santos e Márcio Jardim, fazia parte do grupo, ou pelo menos lançava vista grossa sobre o que se tramava.

Entre aquela metade do mês de março e o final de junho, Joaquim Silvério dos Reis, Francisco de Paula Freire de Andrade — filho e sobrinho de governantes coloniais —, Basílio de Brito Malheiro, Inácio Correia Pamplona, Domingos de Abreu Vieira e Domingos Vidal de Barbosa Lage denunciaram a conspiração, tanto verbalmente como por escrito. No clima de medo generalizado imperante na capitania, cada um pensava em salvar a própria pele ou conseguir vantagens, que, no caso dos contratadores — Silvério, Brito Malheiro, Abreu Vieira —, significava o perdão das dívidas.

Em meio à boataria desenfreada, ninguém sabia ao certo o que se passava. Tiradentes, mais loquaz e mais apaixonado, decepcionava-se, achando que a coisa toda — o projeto sedicioso — ficava "como meia feita no ar" enquanto vários dos companheiros o viam como responsável pela tragédia. Os letrados nunca haviam gostado muito dele, demonstrando um sentimento de grupo incontornável, e Tiradentes também não gostava dos letrados, tendo Gonzaga por inimigo. Tiradentes gostava, aliás, dos contratadores Joaquim Silvério dos Reis e Domingos de Abreu Vieira, seu compadre, e de Francisco de Paula Freire de Andrada, "seu tenente-coronel", como diria num depoimento, com quem dividia as afinidades da corporação militar.

Cláudio fechou-se em copas: não há notícia dele entre março, quando convidou os amigos para um jantar em homenagem ao cônego, e meados de maio. Deve se ter deixado acometer pela melancolia, rabiscando versos para depois rasgá-los, tomando rapé, esforçando os olhos cansados que os óculos já não ajudavam, cismando na rede ou na varanda da casa, sem arriscar sequer uma cavalgada até o Fundão ou as lavras de Canelas. Como os demais, perguntou-se por que cargas-d'água Tiradentes encasquetara de ir ao Rio, pedindo licença a Barbacena e conseguindo. O melhor, pensava Cláudio, era tentar passar despercebido, esperando a tormenta amainar, se é que amainava.

Cláudio deve ter se dado conta também, com perplexidade, de que as conversas tinham andado depressa demais, que as reuniões de letrados, ou a "república das letras" — como se dizia na Europa — eram essencialmente incompatíveis com os governos absolutos. E que o governo de Portugal, em que pesassem as luzes do falecido ministro Carvalho e Melo ou as do visconde de Barbacena, obedecia, em última instância, à lógica do absolutismo. Para completar seu desespero, deve ter percebido com clareza que os luso-brasileiros não eram, no fundo, portugueses: nem se sentiam mais assim, nem eram vistos como tais, quando olhados do Reino. Tudo isso fazia que, da confabulação à conjura, não houvesse senão um passo. Ele, Gonzaga, o cônego Vieira da Silva talvez nunca tivessem querido dá-lo de verdade; mas já havia muitos aptos a fazê-lo, mais exaltados e idealistas, como Tiradentes, ou mais jovens e capazes de indignação, como Álvares Maciel, que só tinha 27 anos, ou ainda como Domingos de Vidal Barbosa Lage, que chegava aos 29. Contando sessenta anos, Cláudio era um velho para a época, o mais idoso entre todos os conjurados, e se sentia velhíssimo. Além do que, doente, alguns até dizem que tuberculoso.

No palácio, onde Álvares Maciel vivia na qualidade de preceptor dos filhos de Barbacena e seu auxiliar nas pesquisas minerais de ferro, cobre e salitre, era um entra e sai de mensageiros, correio indo e voltando do Rio de Janeiro, cartas sigilosas. Mesmo que observasse o movimento e o comentasse com os amigos, Maciel não deve ter sabido que, a 4 de maio, o vice-rei escrevera ao governador, já inteirado, pelo menos oficialmente, da tentativa de levante, e que três dias depois, por meio de uma devassa aberta lá no Rio de Janeiro, começaria a investigar o ocorrido com magistrados de sua confiança. Nem se dera conta de que Barbacena tinha comunicado ao governador de São Paulo que a capitania estava prestes a se levantar, recomendando-lhe que cuidasse bem da fronteira, prendendo os eventuais fugitivos.

O que Maciel e os que viviam no palácio, incluindo o governador, souberam depois de muita gente — dos viajantes dos caminhos, dos funcionários da passagem da Paraibuna, dos próprios letrados que se encolhiam em casa — é que, a 10 de maio, o vice-rei Luís de Vasconcelos e Sousa tinha conseguido lançar mão sobre Tiradentes e o aprisionar na fortaleza da ilha das Cobras.

De fato, a notícia da prisão de Tiradentes atingiu a população de Minas como um raio, antes de chegar à capitania pelos meios oficiais. Possivelmente foi trazida pelo porta-estandarte do regimento de Tiradentes, Francisco Machado, ou por um capitão do regimento de auxiliares, Joaquim de Lima e Melo. No dia 17 de maio, este a teria passado ao dr. Diogo Pereira Ribeiro de Vasconcelos, afilhado de casamento de Gonzaga e pessoa pertencente ao círculo de letrados da vila.

Alguém então — não se sabe quem — se embuçou, e assim disfarçado, com aparência de mulher, saiu percorrendo as casas dos suspeitos para os avisar do perigo. Foi à casa de Cláudio, e da porta mesmo o avisou da tragédia iminente, aconselhando que queimasse papéis e tudo quanto pudesse comprometer. Em seguida, seguiu em busca de Gonzaga, que não encontrou, deixando um recado com sua escrava Antônia. Foi ter ainda à casa de Freire de Andrade e, parece que por engano, à do advogado Diogo Vasconcelos, fugindo atabalhoadamente quando a mulher deste acorreu para ver o que se passava.

Vasconcelos, que já sabia do desastre, decifrou o engano e, na manhã do dia 18, saiu para avisar os amigos. Encontrou Cláudio e Gonzaga juntos na casa do advogado, na rua do Gibu, já enfronhados do ocorrido. Avisou então o coronel dos dragões, Francisco de Paula Freire de Andrade. Se de fato houve destruição de papéis, dos planos de governo, da Constituição alinhavada, tudo ocorreu ao longo desse dia, que deve ter sido terrível para os conjurados. De Vila Rica, partiram então avisos para o grupo do Rio das Mortes: o coronel Francisco Antônio de Oliveira Lopes, Alvarenga Peixoto, o padre Toledo, que por sua vez os transmitiram a Luís Vaz e aos Resende Costa. Animoso, o padre Correia teria dito, na ocasião, que não desistiria do levante, "fosse como fosse, porque valia mais morrer com a espada na mão que como carrapato na lama". Começou a arquitetar o deslocamento do eixo do levante, achando que poderia contar com o Serro do Frio e os homens que o padre Rolim, outro exaltado, alardeava dispor no Distrito Diamantino.

No dia 20 de maio, já corria à boca pequena que haviam sido feitas prisões no Rio, e que a qualquer momento chegariam a Vila Rica tropas enviadas pelo vice-rei. O motivo ninguém sabia direito, a maioria acreditando ser crime de contrabando.

Se restasse a Cláudio a mais leve ilusão acerca da possibilidade de escapar à tragédia, ela se desvaneceu por completo na manhã do dia 22 de maio: Tomás Antônio Gonzaga foi preso em sua casa por uma escolta sob o comando do tenente coronel Francisco Antônio Rebelo, quase ao mesmo tempo em que outra escolta prendia o velho contratador Domingos de Abreu Vieira. No dia 24, no Rio das Mortes, prendiam-se Alvarenga Peixoto e o padre Toledo.

Todos seguiram direto para o Rio de Janeiro, montados em cavalos que os soldados puxavam pela rédea e, humilhação das humilhações, agrilhoados nos pés e nas mãos. O padre Carlos Correia de Toledo havia tentado fugir, buscando talvez um caminho intermediário entre a morte com a espada na mão e a do carrapato na lama, deixando para trás sua bonita casa toda desarrumada, os papéis pelo chão, os pertences lançados fora dos armários. No caminho do Rio, confessou a um dos homens da escolta que temia ser esquartejado. Alvarenga, soube-se depois pelos soldados, se feriu todo por causa dos ferros que lhe puseram. Abreu Vieira ficou na cadeia de Vila Rica, e dali formalizou sua denúncia a 28 de maio.

As denúncias se avolumavam, em várias versões, somando evidências para o governador. Cláudio continuava em liberdade, doente e cada vez mais apavorado, intuindo que a meada acabaria chegando nele.

Sua casa foi cercada na madrugada de 25 de junho de 1789 por uma escolta sob o comando do sargento-mor Pedro Afonso Galvão de São Martinho. Parece que Cláudio estava às voltas com uma crise reumática, mas assim mesmo o tiraram da cama e o levaram para a Casa dos Reais Contratos das Entradas, hoje conhecida como Casa dos Contos, onde, na qualidade de contratador, vivia João Rodrigues de Macedo. Ali o enfiaram num dos *segredos*, cômodos térreos que, naquela contingência, foram solicitados para confinar pelo menos dois dos presos, Cláudio e o cônego de Mariana. Sete dias depois, a 2 de junho, começaram a interrogá-lo.

Fazia mais de um mês que os amigos tinham seguido algemados para o Rio de Janeiro e que ele vivia na maior incerteza, atormentado, como o padre Correia, pela ideia do suplício. Era advogado, conhecia a legislação do Reino, sabia que estavam todos sendo considerados réus de primeira cabeça: de lesa-majestade humana, crime terrível, dos piores que havia, o réu, ainda vivo, sofrendo o esmagamento dos ossos por marretamento. Enviaram um padre para confortá-lo no cubículo opressivo, e cumprindo com o dever, o religioso dissera que talvez o crime não se provasse, ou nem fosse tão horroroso assim. "Que diz, padre?", teria respondido o poeta. "Este é um delito de natureza tal que basta ser só proferido para me constituir réu de alta traição." Para a lei do Antigo Regime, antes que o pensamento reformador das Luzes a atingisse em cheio — *Os delitos e as penas*, do marquês Beccaria, começava a ser discutido em

Portugal, mas a tortura só seria ali abolida na primeira metade do século XIX —, a palavra podia quase equivaler à ação, e o suplício era uma sombra negra sempre à espreita dos infratores.

Não há nenhuma evidência de que Cláudio, ou outro réu importante, tenha sofrido tortura durante os interrogatórios. Nem precisava. A situação já era intimidadora o suficiente, agravada pela incerteza, pelos boatos, pelo medo do desconhecido, pela ignorância sobre o destino dos companheiros. No sentido figurado — mas nem por isso menos doloroso —, Cláudio estava quebrado de antemão. Foi portanto um velho doente, acovardado, cheio de pavor que os magistrados escolhidos por Barbacena para conduzir os interrogatórios em Minas — o desembargador Pedro José Araújo Saldanha, sucessor de Gonzaga como ouvidor de Vila Rica, e José Caetano César Manitti, ouvidor do Sabará e escrivão da devassa — tiveram diante de si.

De saída, ao começar a responder, Cláudio já foi incriminando o maior amigo, Tomás Antônio Gonzaga. Mal lhe perguntaram se desconfiava do motivo que o levara a tal situação e já confessava o terror que o acometera ao saber do envolvimento de Gonzaga "numa espécie de levantamento com ideias de República" e o receio de que o considerassem "sócio consentidor ou aprovador de semelhantes ideias". Rogara aos santos, desfiando orações na esperança de escapar à prisão, mas seus pecados levaram a melhor, e ali estava ele, perdido, acusado pelos poderosos inimigos do ouvidor, transformados em inimigos seus por causa da amizade pública que os unia. Arguido sobre a composição do levante, também não titubeou: as prisões feitas e os rumores ouvidos apontavam na direção de Alvarenga, do padre Correia, de Domingos de Abreu Vieira, de Tiradentes. Inerme, a cada pergunta ia oferecendo tudo quanto sabia: as conversas ouvidas, o empenho dos "ativistas" em levar as ideias e projetos para outros espaços, o esboço da bandeira e o seu dístico, as hesitações. Sobre Barbacena, cometeu a temeridade de considerar que talvez soubesse de tudo. De Tiradentes, disse que tanto Gonzaga quanto ele o tomavam por um fanático, comparável a regicidas célebres, como Ravaillac, que matou Henrique IV de Bourbon, e Damiens, supliciado por tentar matar Luís XV. E que considerara a coisa toda refinada maluquice — "fábula", "comédia", "ridicularia" —, razão pela qual não procurou as autoridades para denunciar.

Os juízes manifestaram duvidar de tanta alegação de inocência e desconhecimento, e insistiram que declarasse a verdade: afinal, "devido à sua capacidade", "seria natural" que o tivessem solicitado "a ter papel importante na ação que se planejava". A pergunta trazia implícito o reconhecimento de que Cláudio Manuel da Costa não era um réu comum, e sim um dos homens mais importantes da capitania.

Nunca dera às conversas outro tom, respondeu Cláudio, que o de "ridículo" e de "mofa". Mas reconhecia o erro, as seguidas fraquezas e pecados, o "evidentíssimo castigo da justiça divina". Implorava o perdão de Barbacena, lamentava "o tanto escândalo", reiterava a sua inocência, a ingenuidade com que ouvira coisas atrozes sem atinar com a gravidade que tinham.

O fecho do tristíssimo depoimento, inexplorado, até onde sei, por todos quantos se debruçaram sobre os autos da devassa e a história da sedição, revela vestígios de grandeza e dignidade em meio aos escombros de um homem destroçado. Reconhecendo-se mau, Cláudio Manuel da Costa não achava, contudo, que os ditos dos denunciantes fossem bons, podendo, inclusive, ser "mais temíveis que os mesmos denunciados". Nada garantia que as denúncias não fossem falsas, e que os delatores como ele não fossem piores e mais desprezíveis que os presumidos réus por crime de lesa-majestade.

22. Delírio

Certa vez Cláudio opôs a bela imagem de Nise, refletida no cristal da fonte, ao seu dilaceramento interno, massacrado pelo amor não correspondido. Escreveu que aquela figura gentil era puro engano, pois retratava o suave e encobria o rigoroso: se voltasse os olhos sobre o peito do poeta, a pastora daria com um coração a gemer, feito em mil pedaços, e uma alma ansiosa a suspirar, observando, no rosto do infeliz, a expressão da pena e do desgosto. Se visse os efeitos provocados por aquele amor da mesma forma como via o semblante do apaixonado, Nise ficaria tão atormentada quanto o poeta, percebendo a extensão do mal que era capaz de causar.

Agora era Cláudio a enxergar através do que até então parecia um cristal de fonte tranquila — posição, fortuna, prestígio, amizades — e a recuar, atônito, ante o mundo despedaçado que ali se desenhava. Nada era o que parecia, os tormentos da vida real sendo muito piores e mais cruéis que os construídos na imaginação.

Confinado num cubículo, esmagado pela desonra pública e, mais que tudo, pela infâmia recém-cometida, estava só e ao mesmo tempo submerso num mundo de vozes e lembranças, tudo se esboroando a sua volta, a ordem e a harmonia aparentes soçobrando ante o destino implacável. Poeta sensível e talentoso, por tantas vezes tinha sido capaz de cristalizar em versos perfeitos a inexorabilidade das coisas, assim se protegendo numa câmara fictícia e confortável, anteparo entre o mundo ideal e a crueldade dos atos reais. Mas os versos haviam se insurgido contra ele, os pedaços dos poemas se chocando na sua cabeça, deslocando-se dos contextos anteriores para se engastar no novo, pesadelo que, de chofre, se transformava em realidade. O vago sentimento do mau agouro, que tinha cantado de forma difusa, ganhava corpo e o envolvia. Em outros tempos, seguindo a tradição dos antigos, opusera o bem do passado à desventura do presente, a segurança transitória à mudança bárbara, a bonança plácida às incertezas do destino escuro. Como qualquer mortal, sempre relutante em aceitar a finitude irremediável, talvez tenha até se julgado imune às inflexões da sorte; de repente, via-se colhido por elas, prostrado, enquanto jazia por terra, "desfeito e destruído", o templo que erguera às vaidades do mundo. Respondendo ao que, no "Soneto XCIX", figurava como dúvida, a contingência presente turvava o licor da fonte, carregava de chumbo as nuvens e bania do céu o azul límpido, por todo o monte o susto calando as vozes dos pastores e impedindo que o gado pastasse na relva:

Um raio de improviso na celeste
Região rebentou: um branco lírio
Da cor das violetas se reveste;

Será delírio! Não, não é delírio.
Que é isto, Pastor meu? que anúncio é este?
Morreu Nise (ai de mim!), tudo é martírio.

A vida imitava, mais uma vez, a arte. Qualquer empenho racional e estetizante do poeta ruía ante o desgoverno das ações humanas e o peso inexplicável do acaso. Sem a lírica, só restava o martírio. Cláudio não era homem para emoções desgovernadas, não sabia se haver com elas, aprisionando-as, sempre que podia, nas rimas de tinta escritas sobre papel. Como sobreviver ao que fizera, passar o resto dos dias às voltas com a lembrança daqueles momentos terríveis? Como se reconhecer no homem desfibrado a se desmanchar diante dos juízes, entoando uma ladainha malcomposta de autorrecriminações — "a sua libertinagem, os seus maus costumes, a sua perversa maledicência" a conduzirem-no ao "evidentíssimo castigo da justiça divina"? Como lhe tinham escapado da boca as vis palavras incriminadoras, a delação dos amigos próximos? Por que não fora capaz de omitir detalhes, antecipando-se, pelo contrário, às próprias interrogações, esmiuçando o envolvimento de Gonzaga, de Alvarenga, do padre Toledo, de Francisco de Paula Freire de Andrade, de Domingos de Abreu Vieira, do padre Rolim, de Álvares Maciel, de Tiradentes? As respostas infamantes tinham-lhe escorregado da boca para atropelar as perguntas, ultrapassá-las, assaltado que fora por uma loquacidade frenética, a protestar inocência, lastimar a injúria que lhe maculava a família e os irmãos decentes, "sustentados com honra". Alquebrado e rastejante, atribuiu algum dito menos decoroso que pudesse ter deixado escapar a seu "gênio gracejador", como se fosse possível transformar em comédia barata o que era tragédia irremediável: logo ele, pouco afeito a pilhérias, poeta por excelência do desencontro e da melancolia...

Nenhum dos tormentos de amor que cantara em versos se podia comparar com aquele. E não seria mais mera imagem talhada para um poema o ímpeto de se arremessar da rocha e agonizar no rio, que no passado emprestara ao pastor Fido e agora lhe era devolvido com intensidade incontornável. Nem era metáfora a febre em que ardia, ou fictícias as personagens meticulosamente compostas para as rimas e que, libertadas da camisa de força dos cânones, ora lhe dançavam à volta, ora lhe riscavam o pensamento desordenado. Havia tantas vezes cantado a transitoriedade das coisas, o abatimento que sucedia à felicidade, e afinal sentia na pele que tudo estava sujeito "à vil desgraça", e seu mal, de fato, nunca alcançaria mudança. O tom de amargura sem remédio que lhe escurecera a poesia tomava conta de tudo quanto agora podia sentir. Passara a vida a limar as palavras, a contê-las na racionalidade dos sonetos, orquestrando as emoções mais soltas e as paisagens mais portentosas, no temor de perder o controle sobre os versos e deixá-los pesar. No delírio, as profundezas da alma vinham à tona, os abismos se impunham, obrigando-o a enfrentar o duplo indesejado: fraco, cheio de culpa, medo e ressentimento.

Na manhã de 4 de julho de 1789, menos de 48 horas depois de ter se desmandado na sessão de interrogatório, incriminando os amigos mais queridos, Cláudio Manuel da Costa foi encontrado morto num quarto improvisado em calabouço, no rés do chão da casa do Real Contrato das Entradas, então pertencente a João Rodrigues de Macedo e hoje conhecida como Casa dos Contos. O confuso auto de corpo de delito deu margem a dúvidas e elucubrações, os peritos, ao longo dos tempos, questionando a posição improvável do corpo com argumentos mais confusos ainda.

O incontestável e irreversível era o poeta inerte pendendo de uma tábua, preso por um cadarço ou liga vermelha a lhe envolver o pescoço, um dos joelhos firmemente apoiado numa prateleira, o braço direito fazendo força contra outra, a fim de intensificar a pressão para baixo e a ação sufocadora da liga transformada em laço.

Com base nos poemas que escreveu vida afora, é possível imaginar o delírio de Cláudio nas horas que antecederam sua morte, roído pelo remorso, pelo asco de si próprio, assistindo à passagem vertiginosa da sua vida — como dizem que acontece aos moribundos —, assombrado pelas personagens que criara e pelos versos deitados no papel. Não há base documental para essas cogitações, que contudo são plausíveis.

Já a descrição do cadáver encontrado consta de um dos documentos mais discutidos da história da Inconfidência Mineira, produzido, sem dúvida, na época dos acontecimentos, quando ainda corriam os interrogatórios. Mesmo assim, foi contestado sob vários aspectos, da autenticidade — seria forjado — à verossimilhança — seria mentiroso, relatando um suicídio para, na verdade, encobrir um assassinato.

O historiador vive às voltas com os limites fluidos entre a verdade e a mentira, o fato e a ficção, a narrativa e a ciência. Busca, antes de tudo, compreender. Com base nos vestígios deixados pela ficção e pela história — os poemas que escreveu, os documentos que registraram os fatos da época —, procurei, ao longo destas páginas, desvendar aspectos da personalidade do meu biografado, poeta notável, homem complexo e sensível. A necessidade de compreensão às vezes impõe riscos: se entendi o homem que foi Cláudio Manuel da Costa, sou levada a afirmar que decidiu pôr um termo a sua vida.

Nunca se saberá se o fez por desespero ou excesso de razão. Se porque viveu dividido e nunca se encontrou, ou porque, dividido que era, resolveu, afinal, juntar os pedaços. A seu modo.

Quase trezentos anos depois, um outro poeta mineiro, Emílio Moura, parece ter pensado em Cláudio quando escreveu o "Bilhete de suicida":

Já nada importa.
Nada de nada.
Quero é silêncio
puro, ah, tão puro
que me redima
de cada sonho
e seu reverso,
de tanto amor
e seu vazio,
de toda a vida
e seu remorso.

23. História, lenda e remorso

Macia flor de olvido,
sem aroma governas
o tempo ingovernável.
Muros pranteiam. Só.

Toda história é remorso.
CARLOS DRUMMOND DE ANDRADE, *MUSEU DA INCONFIDÊNCIA*

Se, como dito no começo, durante muito tempo não se soube ao certo a data e o lugar em que Cláudio Manuel da Costa nasceu, sua morte também permanece, até hoje, sob o signo da incerteza. Por toda a vida o poeta foi um homem marcado pela ambiguidade e pela contradição, em todos os sentidos.

As fontes e os estudiosos divergem quanto ao número de filhos que teve: para uns, foram duas moças. Outros, bem documentados e mais convincentes, indicam cinco, quatro meninas e um rapaz. Não se acertam ainda sobre o nome da mãe, a companheira da vida toda: Francisca Arcângela para muitos, mas Francisca Cardoso — ou Cardosa, na época se fazia o feminino de certos sobrenomes — segundo outros. Muito papel e tinta se gastaram sobre a sua participação na Inconfidência. Há quem acredite, ancorando-se no grande prestígio que gozava na capitania, ter sido peça central no movimento, encarregado de estabelecer o contato entre os sediciosos e o governador Barbacena, atraindo-o para a conspiração, e junto com o amigo Gonzaga, de redigir as leis, o projeto de governo, escolher as insígnias que definiriam a nova República. Mas há os que discordam, vasculhando as evidências e não vendo indício que possibilite afirmar alguma coisa sobre seu protagonismo.

Não há acordo sobre o dia em que o prenderam. Historiadores consideradíssimos afirmam ter sido logo depois de Gonzaga, do padre Toledo e de Alvarenga, ali pelo final de maio de 1789. As evidências mais fidedignas indicam, contudo, que foi a 25 de junho, uma semana antes de aparecer morto.

A causa da morte é um dos objetos mais controvertidos da historiografia brasileira, havendo verdadeiras facções, uma a defender com unhas e dentes a tese do assassinato, outra, a do suicídio. Esse tópico tem uma série de desdobramentos: se o enterraram em solo sagrado ou o largaram em vala comum; se rezaram missa por sua alma ou ignoraram o fato, a Igreja Católica reprovando o suicídio. Se foi um fraco ou um forte, um traidor ou um herói, o primeiro a receber punição no episódio da Inconfidência Mineira, sua morte anunciando a tragédia por vir, que culminaria no terrível suplício de Tiradentes no campo da Lampadosa. Cláudio Manuel da Costa, na sua fraqueza que oscila entre o comovente e o repugnante, tornava-se, assim, um mau presságio.

A multiplicidade de versões e a recorrência da polêmica sobre as circunstâncias envolvendo a morte de Cláudio vão muito além da discordância. São um ponto nevrálgico da memória nacional, da mesma forma como o poeta é uma espécie de protótipo do homem de letras em situação periférica, dilacerado entre universos de cultura distintos. As leituras discrepantes sobre o fim trágico de Cláudio revelam oscilações entre a vontade de ser fiel aos fatos, o fascínio pelas construções lendárias e a vertigem inexplicável do remorso: um remorso imenso, inerente talvez à própria história — como quis outro poeta mineiro, Carlos Drummond de Andrade — e que, no caso do árcade, é praticamente indissociável dele.

Como se Cláudio Manuel da Costa tivesse de morrer mil vezes para purgar a culpa de fraquejar. Como se o empenho da memória nacional em procurar esmaecer o que houve de condenável na sua conduta para melhor enaltecer o lado edificante também implicasse um esforço brutal para lidar com o remorso. Numa obra de ficção em que discorre sobre a elaboração do diário de Graciliano Ramos após ter deixado o cárcere, Silviano Santiago põe na boca do escritor a angústia que é de todos: "Que força é esta dentro de mim que não pode admitir que Cláudio tenha se suicidado na Casa dos Contos?".

A negação do suicídio tem, obviamente, conotação ideológica e religiosa: um herói da pátria não se mata, mas é morto; um homem religioso nunca dá cabo da própria vida, pois é pecado. Até hoje se discute a fidedignidade do laudo que descreve as condições do cadáver, destacando a anormalidade da posição em que o poeta se encontrava, se teria sido morto primeiro para, depois, o pendurarem, ou se o atestado original dos cirurgiões, que descrevia o assassinato, não acabara, por pressão do governador Barbacena, substituído por outro, que certificava o suicídio. Mais mistério e especulação advém do fato de ter, por muito tempo, ficado desaparecido o "Auto das perguntas feitas ao doutor Cláudio Manuel da Costa", recuperado, sabe-se lá como, por João Ribeiro no início do século xx mas mesmo assim omitido quando se publicou, pela primeira vez, o conjunto documental referente às duas devassas.

Uma das matrizes das suspeitas de assassinato está, por certo, num escrito do dr. José Pedro Machado Coelho Torres, o magistrado que coordenou a devassa aberta no Rio de Janeiro pelo vice-rei Luís de Vasconcelos e que, contrariando o desejo do visconde de Barbacena, foi enviado às Minas a fim de interrogar as testemunhas:

> e o doutor Cláudio Manuel da Costa, que tinha sido preso em Minas e principiava a dizer alguma coisa em perguntas, enforcou-se ali na prisão poucos dias antes da minha chegada àquela capitania, acrescendo que o mesmo que disse ficou ilegítimo porque nem assistiu tabelião, ou testemunhas na forma da lei, nem se deu juramento quanto a terceiro...

Na disputa pelo controle dos interrogatórios, travada entre o vice-rei e o governador das Minas, bem como por suas respectivas devassas e magistrados, forjava-se uma tradição: havia interesses importantes em jogo, sendo melhor que o poeta linguarudo se calasse de vez.

A tese do assassinato implica, evidentemente, uma perspectiva conspiratória: tudo estava meticulosamente planejado desde o início, motivo pelo qual prenderam Cláudio e, em vez de o mandarem para o Rio, como Gonzaga, ou para a cadeia, como Abreu Vieira, o levaram para a Casa dos Contratos, onde vivia João Rodrigues de Macedo.

Da polêmica, transita-se, quase imperceptivelmente, para a lenda: invocam-se relatos e declarações de oitiva, às vezes anônimos, às vezes atribuídos a personagens de identificação difícil ou duvidosa. Cláudio ficou na Casa do Contrato porque, conforme todos sabiam na época, ela se achava ligada ao palácio dos governadores por meio de uma passagem secreta e subterrânea. Quando o governador se deu conta de que nada deteria sua incontinência verbal, despachou para o cubículo do prisioneiro dois soldados seus, que o sufocaram e, preocupados em dar verossimilhança ao suicídio, lhe abriram uma veia com o garfo da fivela dos calções, escrevendo, com o sangue do poeta, palavras na parede. Outras versões, correntes ainda no tempo da Inconfidência, asseveravam que Cláudio fora envenenado, ou que o encontraram já inerte, com profundas incisões na região dorsal.

Uma vez morto o poeta, havia que dar um fim ao corpo. A versão mais fiável sustenta que Francisca Arcângela conseguira convencer os membros da Irmandade de São Miguel do Alto das Cabeças, mais pobre e menos importante, a sepultarem-no em terreno seu, talvez mesmo dentro da capela. As mais fantasiosas contam que o corpo foi lançado em campo comum, de onde o vigário Vidal, seu amigo, o removeu para enterrá-lo na matriz de Ouro Preto, numa das três sepulturas abaixo do presbitério, do lado esquerdo. Ou que, na escuridão da noite, pessoas próximas o arrastaram para fora da Casa dos Contratos e o conduziram, trôpego e doente, até sua fazenda da Vargem do Itacolomi, onde, como o justo dos relatos edificantes, morreu tranquilo, agasalhado pelo segredo.

Desaparecido o corpo, ficariam o patrimônio considerável e a família: sobre eles também incidiram narrativas fantásticas. Conforme uma delas, mal o poeta se vira preso e seus inimigos, tendo à frente o sargento José Vasconcelos Parada e Sousa, roubaram-lhe os bens, mataram seus filhos e os enterraram no assoalho da casa da fazenda da Vargem, uns ao lado dos outros.

Numa variação tanto ou mais fantasiosa, Cláudio Manuel da Costa teria sido o guardião do tesouro juntado pelos inconfidentes no intuito de custear o movimento. Já preso, talvez, ou na iminência de sê-lo, escreveu uma carta com instruções sobre o destino do tesouro. O que se conservou, diziam os mitógrafos, foi a resposta: conforme as ordens do poeta, seu autor anônimo dava conta de ter levado o tesouro para o lugar indicado, enterrando-o com a ajuda de uns tantos escravos. Para isso, subiram um rio até o fojo onde o poeta costumava caçar quatis e, próximo dali, enterraram os fardos contendo o ouro, ao todo cerca de 3800 quilos. Depois, sempre obedecendo às determinações do poeta, a pessoa teria matado os escravos para que eles não revelassem o segredo.

Da lenda, volta-se à história de forma brutal. Artigos na imprensa chamaram a atenção para a pobreza profunda em que viviam presumidos descendentes de Cláudio Manuel da Costa no ano de 2007: despossuídos, mal subsistindo em terras cedidas por favor junto à vertente sul da serra do Itacolomi, numa pequena faixa da antiga fazenda da Vargem que, outrora, tinha pertencido ao português João Gonçalves da Costa e bastado para enviar os filhos a Coimbra em busca de ascensão social pela via do conhecimento.

Nenhum inconfidente sofreu tanto com o peso da história quanto Cláudio Manuel da Costa, a quem, na qualidade de fraco e de suicida, era difícil atribuir o perfil do herói: perfil incontestável no caso de Tiradentes, um forte e um mártir, cheio de dignidade e de grandeza, capaz de enfrentar os interrogatórios e poupar os letrados que não simpatizavam com ele.

Aos poucos, ao longo dos anos, viúvas e descendentes foram recuperando patrimônios, aliciando magistrados, mobilizando relações importantes que, de uma forma ou de outra, sempre protegem as elites quando a desigualdade social é muito funda. Talvez o exemplo mais perfeito dessa capacidade de recomposição seja o de José Aires Gomes, casado com uma senhora que descendia de Fernão Dias Pais e dos controladores do Caminho Novo das Minas. Homem riquíssimo, potentado da Mantiqueira, Aires Gomes morreu na África, mas seus parentes continuam atuantes na vida política do país e, até hoje, proprietários da fazenda da Borda do Campo.

A descendência de Cláudio amarga a pobreza, e a memória nacional anda em círculos em torno do remorso pela morte do poeta. Quanto a ele, talvez nos possa ler, lá de onde está, versos que escreveu há tanto tempo:

Vagantes sombras, que feliz estado
Não é este que espera a gente morta!
A aflita dor, que um coração suporta,
Aqui termina, e acaba o seu cuidado!
(SONETO VII, *POESIAS MANUSCRITAS*)

Agradecimentos

Caio César Boschi me forneceu informações preciosas sobre secretários de governo, esclareceu-me sobre pontos obscuros e sobre os mais diversos aspectos da história de Minas. Adalgisa Arantes Campos me franqueou com generosidade os notáveis bancos de dados que há anos vem ajudando a organizar. Renato Pinto Venâncio me deu o presente da cota do inventário do pai de Cláudio e ainda listas onomásticas, além de responder, imediatamente, a todos os e-mails indagadores que lhe enviei. Sonia Maria Gonçalves providenciou a cópia do inventário no Arquivo da Casa Setecentista de Mariana, e Renata Romualdo Diório o transcreveu. Tiago dos Reis Miranda localizou e mandou reproduzir, enviando-me, os processos de habilitação dos irmãos de Cláudio, no Instituto Arquivos Nacionais, Torres do Tombo (IANTT), além de me dar a notícia da má disposição da marquesa de Alorna quanto aos poetas da América. Aldair Carlos Rodrigues resolveu todas as dúvidas que tive sobre funcionários da Inquisição e meandros no processo de concessão de mercês, mostrando-se ainda imprescindível para decifrar nós da cronologia no tocante aos trâmites do hábito de Cristo concedido a Cláudio, assunto no qual contei também com a ajuda de Roberta Stumpf. Sérgio Alcides, leitor atiladíssimo e poeta de valor, ajudou-me a "limar" imperfeições de escrita e de julgamento crítico. André Figueiredo Rodrigues me abasteceu com uma quantidade de artigos de jornais e revistas pouco conhecidos. Vavy Pacheco Borges me inspirou com conversas e ainda providenciou importantes textos sobre biografia. Cláudia Damasceno Fonseca e Íris Kantor foram consultoras luxuosas para assuntos de cartografia e academias, Márcia Moisés Ribeiro e Maria Aparecida Meneses Borrego para as filigranas referentes a remédios e tecidos. Maria José Ferro de Sousa prestou auxílio inestimável durante a pesquisa iconográfica. Ângelo Carrara me esclareceu sobre as conversões dos valores de alqueires, oitavas e léguas vigentes no século XVIII. Ângela Viana Botelho, Junia Ferreira Furtado, Sérgio Micelli e Guilherme Pereira das Neves acompanharam a pesquisa com interesse e sugestões. Lili e Luiz Schwarcz se mostraram, mais uma vez, amigos pacientes e generosos, acreditando que este trabalho chegaria ao fim. Lili, ainda, e Elio Gaspari foram leitores atentos e utilíssimos, possibilitando que a versão final ficasse bem mais redonda.

Os enganos porventura cometidos, apesar da ajuda de tão vasta rede de especialistas, são de minha única responsabilidade.

Indicações e comentários sobre bibliografia e fontes primárias

Para a poesia de Cláudio Manuel da Costa há a clássica edição de João Ribeiro, *Obras poéticas* (Rio de Janeiro: H. Garnier, 1903, 2 vols.), que deixou de lado os poemas iniciais e outros importantes, e a completa, recente, organizada por Melânia Silva de Aguiar para *A poesia dos inconfidentes: poesia completa de Cláudio Manuel da Costa, Tomás Antônio Gonzaga e Alvarenga Peixoto*, importante iniciativa de Domício Proença Filho (Rio de Janeiro: Nova Aguilar, 1996). Talvez mais acessíveis sejam as publicações reduzidas, que privilegiam os sonetos, como os *Poemas escolhidos com introdução, seleção e notas de Péricles Eugênio da Silva Ramos* (Rio de Janeiro: Ediouro, s/d) ou ainda os *Melhores poemas*, selecionados por Francisco Iglesias (São Paulo: Global, 2000). Junto com outros épicos como o "Caramuru", de frei Santa Rita Durão, e o "Uraguay", de Basílio da Gama, o poema "Vila Rica" conheceu edição recente no volume organizado por Ivan Teixeira sob o nome de *Multiclássicos épicos* (São Paulo: Edusp, 2008), e quem escreveu a introdução para o poema de Cláudio Manuel da Costa foi Eliana Scotti Muzzi. Não sendo obra da autoria de Cláudio, as "Cartas chilenas" contêm, inegavelmente, contribuições suas; as edições que utilizei foram a de Tarquínio J.B. de Oliveira — sobretudo pelas notas, muitas delas com novidades e sugestões instigantes (As "Cartas chilenas": fontes textuais: São Paulo: Referência, 1972) e a de Manuel Rodrigues Lapa (Poesias: "Cartas chilenas", Rio de Janeiro: INL, 1957), a ser lida junto com o extraordinário estudo do mesmo autor, As "Cartas chilenas": um problema histórico e filológico (Rio de Janeiro: INL, 1958), que, além da atribuição do poema a Tomás Antônio Gonzaga, traz informações importantes sobre a vida de Cláudio Manuel da Costa. Mas há ainda a edição, mais recente, de Joaci Pereira Furtado para a Companhia das Letras (Cartas chilenas, de Tomás Antônio Gonzaga, org. Joaci Pereira Furtado, São Paulo, Companhia das Letras, 2006).

Se a introdução de João Ribeiro continua, a meu ver, brilhante e sugestiva, e se Caio de Melo Franco teve o mérito inegável de divulgar e editar pela primeira vez o "O parnaso obsequioso" (O inconfidente Cláudio Manuel da Costa: o "Parnaso obsequioso" e as "Cartas chilenas", Rio de Janeiro: Schmidt Editor, 1931), cabe destacar o avanço considerável nos estudos sobre o poeta, evidenciado nas preciosas contribuições e descobertas de Melânia Aguiar, incansável pesquisadora da obra de Cláudio (para citar alguns de seus trabalhos, "O jogo de oposições na poesia de Cláudio Manuel da Costa", tese de doutoramento, Belo Horizonte: Universidade Federal de Minas Gerais, 1973; "O direito e o avesso na poesia de Cláudio Manuel da Costa", in Revista do Instituto de Artes e Cultura/UFOP, Ouro Preto, 1987, pp. 41-9; a excelente introdução às Obras na Poesia dos inconfidentes). Há ainda vários estudos surgidos no âmbito dos programas de pós-graduação e que se leem com proveito, como Metamorfoses — a poesia *de Cláudio Manuel da Costa*, de Edward Lopes (São Paulo: Unesp, 1997); "O poema 'Vila Rica' e a historiografia colonial", de Wellington Soares da Cunha (dissertação de mestrado, FFLCH-USP, 2007); a "Ópera *Demofoonte em Trácia*: tradução e adaptação de Demofoonte, de Metastásio, atribuídas a Cláudio Manuel da Costa, *Glauceste Satúrnio*", de Suely Maria Perucci Esteves (dissertação de mestrado, FFLCH-USP, 2007); "A épica de Cláudio Manuel da Costa: uma leitura do poema 'Vila Rica'", de Djalma Espedito de Lima (dissertação de mestrado, FFLCH-USP, 2007).

Como os títulos referentes à obra e aspectos da vida do poeta são muitos, remeto a uma listagem bibliográfica sobre Cláudio publicada juntamente com as de outros dois "patronos" da Academia Brasileira de Letras, organizada por Israel de Souza Lima, *Cláudio Manuel da Costa, Domingos Gonçalves de Magalhães & Evaristo da Veiga* (Rio de Janeiro: Academia Brasileira de Letras, 2001, Coleção Afrânio Peixoto). E aqui cabe destacar um paradoxo: muitos títulos, pouco avanço no que diz respeito ao conhecimento da vida do poeta.

No esforço de diminuir um pouco o rol das incógnitas, vali-me dos documentos publicados por Alberto Lamego ("Autobiografia e inéditos de Cláudio Manuel da Costa", *in Revista da Academia Brasileira*, nº 7, janeiro 1912, pp. 5-25) e Manuel Rodrigues Lapa, nem sempre explorados o suficiente ("Subsídios para a biografia de Cláudio Manuel da Costa", *in Revista do Livro*, Rio de Janeiro, nº 9, março de 1958, pp. 25- -7; trabalho que saiu também em separata: "Inéditos de Cláudio Manuel da Costa", *in* revista *Colóquio-Letras*, Lisboa, nº 57, setembro 1980, pp. 45-8; "Autógrafos de Cláudio Manuel da Costa", *in Revista do Instituto Histórico e Geográfico Brasileiro*, vol. 233, dez. 1956, pp. 24-37). Chamo a atenção para a necessidade de cotejar o texto da autobiografia de Cláudio, tal como publicado por Lamego, com o manuscrito depositado no Instituto de Estudos Brasileiros da USP, no fundo que aliás leva o nome deste grande erudito (Coleção Alberto Lamego, códice 3,5,A8): surpreendentemente, a versão impressa apresenta muitos erros elementares de transcrição, que corrigi (penso) nas passagens utilizadas neste livro. Utilidade tem ainda o "Cláudio Manuel da Costa", de Ramiz Galvão (*Revista Brazileira*, primeiro ano, tomo segundo, Rio de Janeiro, Laemmert & C. Editores, 1895, pp. 65-73), mesmo apresentando imprecisões. E por fim há um conjunto de artigos que tiveram importância no seu tempo mas resvalam frequentemente para a lenda e a mitologia: foi nessa condição, explorando os limites entre a verdade e a fantasia, que procurei incorporá-los no capítulo final do livro (Joaquim Norberto de Sousa Silva, "Notas biográficas sobre Cláudio Manuel da Costa", *in Crítica reunida: 1850-1892*, org. José Américo Miranda, Maria Eunice Moreira, Roberto Acízelo de Sousa. Porto Alegre: Nova Prova Editora, 2005; José Affonso Mendonça de Azevedo, "Cláudio Manuel da Costa", *in Revista da Academia Brasileira de Letras*, vol. XXXI, Rio de Janeiro, ano XX, setembro 1929, pp. 15-33; J. M. Pereira da Silva, "Cláudio Manuel da Costa", *in Os varões ilustres do Brasil durante os tempos coloniais*, tomo segundo, Rio de Janeiro: Garnier, 1868, pp. 29-68). Para dados sobre a descendência de Cláudio, baseei-me em Inácio Muzzi, "Fantasmas da Inconfidência" (*in Revista de História da Biblioteca Nacional*, ano 2, nº 22, julho de 2007, pp. 56-60) e Roberto Pompeu de Toledo, "Sobras da história" (http://veja.abril.com.br/260907/pompeu.shtml).

O que entretanto me possibilitou apresentar novidades quanto à vida de Cláudio Manuel da Costa foi o inventário de seu pai, José Gonçalves da Costa (*Arquivo da Casa Setecentista de Mariana*, 1º ofício, Códice 9, Auto 338, ano 1750) e os processos de habilitação para o hábito de Cristo e para ser qualificador do Santo Ofício da Inquisição referentes a dois de seus irmãos, Francisco de Sales e José Antônio de Alvarenga Barros Freire. Estes últimos permitiram reconstituir aspectos importantes das famílias paterna e materna de Cláudio, bem como informações sobre seus irmãos (Instituto Arquivos Nacionais, Torres do Tombo, doravante citados como IANTT, Santo Ofício, Conselho Geral, Habilitações Incompletas. Mo. 70, Doc. 3026; IANTT, Santo Ofício, Conselho Geral, Habilitações, Francisco, Mo. 31, nº 743). Para o irmão José Antônio de Alvarenga Barros Freire, usei um "Esboço da árvore genealógica de costado do dr. Cláudio Manuel da Costa e do seu irmão germano dr. José Antônio de Alvarenga Barros Freire", feito por Carlos da Silveira e publicado na *Revista do Instituto Histórico e Geográfico de Minas Gerais*. Devo dizer que a leitura das atas da Câmara Municipal de Ouro Preto, bem como a de variada documentação referente à Casa dos Contos, que consultei no Arquivo Público Mineiro e que já foram certamente bastante lidas, acabaram por esclarecer aspectos até agora meio nebulosos. E, obviamente, a leitura dos *Autos de devassa da Inconfidência Mineira*, compulsadíssimos por gerações de estudiosos, foram de imensa valia e ofereceram surpresas, por incrível que pareça. Consultei-os nas duas edições existentes: a primeira, mais fiável na transcrição do texto manuscrito (*Autos de devassa da Inconfidência Mineira*, introduções de Rodolfo Garcia, 7 vols., Rio de Janeiro: Ministério da Educação/ Biblioteca Nacional, 1936-8), e a segunda, importante por oferecer muitos acréscimos documentais (imprescindíveis no caso de Cláudio, pois publica o auto das perguntas feitas a ele), bem como novidades, sobretudo em notas extensas e esclarecedoras, elaboradas por Herculano Gomes Matias e Tarquínio J. B. de Oliveira (*Autos de devassa da Inconfidência Mineira*, 11 vols., Brasília/Belo Horizonte, 1976-2001, Câmara dos Deputados/ Imprensa Oficial de Minas Gerais).

Para o estabelecimento de uma cronologia, glossário e o difícil cotejo dos dados factuais continua obrigatório o manuseio das *Efemérides mineiras*, de José Pedro Xavier da Veiga (Belo Horizonte, Fundação João Pinheiro, 1998, 2 vols.), bem como o de Tarquínio J. B. de Oliveira (*in Autos de devassa da Inconfidência Mineira*, vol. 1, 1976, pp. 340-81, 387-411). Mais recentes, são da mesma forma imprescindíveis o *Dicionário histórico das Minas Gerais: período colonial*, organizado por Adriana Romeiro e Ângela Vianna Botelho (Belo Horizonte: Autêntica, 2003) e o *Receitas e despesas da Real Fazenda no Brasil: século XVIII*, de Ângelo Alves Carrara (Juiz de Fora: Editora UFJF, 2009).

Sobre a Inconfidência Mineira há uma infinidade de títulos, mas me baseei sobretudo na narrativa envolvente do clássico de Joaquim Norberto de Souza Silva, *História da Conjuração Mineira* (Rio de Janeiro: B. L. Garnier, [1873]), em *A Inconfidência Mineira*, de Lúcio José dos Santos (São Paulo: Escola Profissional do Liceu Coração de Jesus, 1927), que, apesar de alguns enganos sérios, continua rico em possibilidades a explorar; em *A devassa da devassa*, de Kenneth Maxwell (Rio de Janeiro: Paz e Terra, 1977), que marcou época e teve grande influência sobre minha geração; no utilíssimo *A Inconfidência Mineira: uma síntese factual* (Belo Horizonte: Biblioteca do Exército, 1989), de Márcio Jardim, que inclusive me ajudou a mapear as lendas e mitos tecidos em torno de Cláudio Manuel da Costa; em *O manto de Penélope: história, mito e memória da Inconfidência Mineira de 1788-9*, de João Pinto Furtado, o mais recente entre os trabalhos de fôlego realizados sobre o movimento (São Paulo: Companhia das Letras, 2002); por fim, no estudo muito original que André Figueiredo Rodrigues fez sobre *A fortuna dos inconfidentes* (São Paulo: Globo, 2010), tendo anteriormente estudado um deles, José Aires Gomes, cujo caso específico invoquei na conclusão deste livro ("Um potentado na Mantiqueira: José Aires Gomes e a ocupação da terra na Borda do Campo", dissertação de mestrado, FFLCH--USP, 2002). Contaram também algumas considerações que fui amadurecendo ao longo de mais de vinte anos, publicadas em revistas, coletâneas e comunicadas oralmente em diversas circunstâncias, inclusive quando das efemérides de 1989 e 1992 (Laura de Mello e Souza, "Os ricos, os pobres e a revolta nas Minas do século XVIII: 1709-1789", *in Análise & Conjuntura*, Belo Horizonte, v. 4, pp. 31-36, 1998, texto republicado com acréscimos e correções em Laura de Mello e Souza, *Norma e conflito*, Belo Horizonte: Editora UFMG, 1999, pp. 83-110).

Não sendo historiadora da literatura, guiei-me pelos trabalhos específicos do campo e em que pese a significativa contribuição de estudiosos como José Aderaldo Castelo ("Arcadismo e nativismo em Cláudio Manuel da Costa", *in Suplemento Literário de O Estado de S. Paulo*, nº 73, 15/3/1958, p. 4; "Manifestações barrocas em Cláudio Manuel da Costa", *in idem*, nº 76, de 12/4/1958, p. 4; "Elementos do poema 'Vila Rica'", *in idem*, nº 81, 17/5/1958, p. 4; "Preliminares do poema 'Vila Rica'", *in idem*, nº 86, 21/6/1958, p. 4; "Definição do poema 'Vila Rica'", *in idem*, nº 89, 12/7/1958, p. 4; "O indianismo de Cláudio Manuel da Costa", *in idem*, nº 94, 16/8/1958, p. 4; "Conclusão sobre o poema 'Vila Rica'", *in idem*, 6/9/1958, p. 4), Antonio Soares Amora ("Aquele que enfermou de desgraçado", *in Suplemento Literário de O Estado de S. Paulo*, nº 42, de 3/8/1957, p. 4; "A fragilidade de Cláudio Manuel da Costa", *in idem*, nº 53, 19/10/1957, p. 4; "Uma alma terna, um peito sem dureza", *in idem*, nº 58, 30/11/1957, p. 4), Hélio Lopes (*Cláudio, o lírico de Nise*, Muriaé, 1975; *Introdução ao poema Vila Rica*, Muriaé, 1985; *Letras de Minas e outros ensaios*. Edusp, 1997), incorporei sobretudo as perspectivas adotadas por três autores, essenciais tanto no delineamento que fiz da personagem quanto na compreensão de sua obra: Sérgio Buarque de Holanda (*Capítulos de literatura colonial*. Organização e introdução de

Antonio Candido. São Paulo: Brasiliense, 1991), Antonio Candido (*Formação da literatura brasileira: Momentos decisivos — 1750-1880*, 10ª edição revista pelo autor, Rio de Janeiro: Ouro Sobre Azul, 2006) e Sérgio Alcides Pereira do Amaral (*Estes penhascos: Cláudio Manuel da Costa e a paisagem das Minas — 1753-1773*, São Paulo: Hucitec, 2003). Foram ainda esses autores que me esclareceram quanto ao significado do movimento arcádico no contexto mais europeu, italiano e português. Para com Sérgio Alcides tenho um débito especial, porque desenvolvi muito do que diz sobre a melancolia em Cláudio e ainda sobre a "viagem dilatada e aspérrima", sem falar do quanto aprendi, durante o tempo em que tive o privilégio de orientar sua tese de doutorado, sobre o que era ser homem de letras na Época Moderna ("Desavenças: poesia, poder e melancolia nas obras do dr. Francisco de Sá de Miranda", tese de doutorado, São Paulo: FFLCH-USP, 2007).

Passando da personagem para a sua circunstância, e acompanhando a disposição dos capítulos, me vali, para contextualizar a vida urbana nos centros mineradores, tanto de guias — como os clássicos *Guia de Ouro Preto*, de Manuel Bandeira (*Guide d'Ouro Preto*, Rio de Janeiro: Imprensa Nacional, 1948) e *Passeio a Ouro Preto*, de Lúcia Machado de Almeida (Belo Horizonte, Itatiaia, 1980) — quanto de dicionários, como o de Waldemar de Almeida Barbosa (*Dicionário histórico-geográfico de Minas Gerais*, Belo Horizonte: 1971) ou ainda dos trabalhos meticulosos de Cláudia Damasceno Fonseca (o já clássico *Des terres aux villes de l'or*, Paris: Gulbenkian, 2003; "O espaço urbano de Mariana: sua formação e suas representações", *in Termo de Mariana: história e documentação*, Ouro Preto: Editora da UFOP, 1998). Pude utilizar, em primeira mão, o trabalho muito original de Denise Maria Ribeiro Tedeschi, "Águas urbanas: as formas de apropriação das águas em

Mariana/MG — 1745-1798", ainda na forma de relatório de qualificação para mestrado (IFCH-Unicamp, 2010).

No que diz respeito à caracterização da sociedade, é obrigatória a consulta de "Metais e pedras preciosas", de Sérgio Buarque de Holanda (*in História geral da civilização brasileira*, tomo I, vol. 2, São Paulo: Difusão Europeia do Livro, 1960, pp. 259-310), e dos trabalhos mais recentes que aprofundaram aspectos ali apontados, como *O universo do indistinto*, de Marco Antonio Silveira (São Paulo, Hucitec, 1997). Ainda sobre a sociedade mas com ênfase nas questões de gênero, nas relações interétnicas, na conflitualidade, baseei-me em *O avesso da memória* (Rio de Janeiro/Brasília: José Olympio/EDUNB, 1993) e *Barrocas famílias* (São Paulo: Hucitec, 1977), ambos de Luciano Figueiredo e fundamentais para se entender a alta incidência do concubinato em Minas. É obrigatório, igualmente, recorrer a *Chica da Silva e o contratador dos diamantes* (São Paulo: Companhia das Letras, 2003), de Júnia Ferreira Furtado. Outros estudos dessa autora são referência imprescindível para compreender a complexa situação do Distrito Diamantino, sobretudo *O livro da capa verde* (São Paulo: Annablume, 1996). Ainda para o precoce descoberto dos diamantes, escondido pelas autoridades, e a vida conturbada nos primeiros tempos das Minas, vali-me do trabalho inédito de Maria Verônica Campos, "Governo de mineiros" (tese de doutorado, São Paulo, FFLCH-USP, 2002) e do livro de Adriana Romeiro, *Paulistas e emboabas no coração das Minas* (Belo Horizonte: Editora UFMG, 2009). Dessa autora usei também o interessante artigo sobre d. Lourenço de Almeida e os pasquins sediciosos, "O enterro satírico de um governador: festa e protesto político nas Minas setecentistas" (*in* István Jancsó e Iris Kantor (orgs.), *Festa: cultura e sociedade na América portuguesa*, 1ª ed., São Paulo: Hucitec, 2001, v. 2, pp. 301-9, 2 vols.). No que diz respeito ao contrabando, assunto sempre dificílimo porque ilícito e escondido, recorri a *Negócios de trapaça*, de Paulo Cavalcante (São Paulo: Hucitec, 2006).

Para as descrições de festas havidas nas vilas mineiras, segui Camila Fernanda Guimarães Santiago, "Os gastos do Senado da Câmara de Vila Rica com festas: destaque para Corpus Christi (1720-1750)" (*in* István Jancsó e Iris Kantor (orgs.), *Festa: cultura e sociabilidade na América portuguesa*, vol. 2, pp. 487-501). Usei ainda os magníficos trabalhos de Afonso Ávila, *O lúdico e as projeções do mundo barroco* (São Paulo: Perspectiva, 1971) e sua edição para o *Triunfo Eucarístico* e o *Áureo Trono Episcopal* (*Resíduos seiscentistas em Minas*, Belo Horizonte: Centro de Estudos Mineiros, 1967, 2 vols.).

Para reconstituir o ambiente onde se fixou João Gonçalves da Costa, vali-me de Luís Gomes Ferreira, *Erário Mineral dividido em 12 tratados*, organização de Júnia Ferreira Furtado. 2 vols. Belo Horizonte: Fundação João Pinheiro, Centro de Estudos Históricos e Culturais; Rio de Janeiro: Fundação Oswaldo Cruz, 2002; de Ângelo Carrara, "Paisagens rurais do Termo de Mariana" (*in* Andréa Lisly Gonçalves e Ronald Polito de Oliveira (orgs.), *Termo de Mariana: história e documentação*, vol. II, Mariana: Imprensa Universitária da UFOP, 2004, p. 36); do manuscrito "Modo de como se há de usar das fitas para as mordeduras de cobras" (Arquivo Público Mineiro, AV.C, cx. 21, doc. 92); do manuscrito "Reais quintos e listas dos escravos de 1725" (Arquivo Histórico da Câmara Municipal de Mariana, códice 150, indicação de Renato Pinto Venâncio, a quem registro meu agradecimento).

Para aspectos gerais da educação nas Minas, e que teriam também enformado a de Cláudio, recorri a José Ferreira Carrato, *Igreja, Iluminismo e escolas mineiras coloniais* (São Paulo: Companhia Editora Nacional, 1968) e utilizei informações fornecidas por Leandro Catão sobre um dos prováveis mestres do futuro poeta ("Sacrílegas palavras: Inconfidência e presença jesuítica nas Minas Gerais durante o período pombalino", tese de doutorado, Belo Horizonte: FAFICH-UFMG, 2005). O estudo mais recente de Christianni Cardoso Morais foi muito útil para ajudar no enquadramento geral do assunto ("Posse e usos da cultura escrita e difusão da escola: de Portugal ao Ultramar, Vila e Termo de São João del-Rei, Minas Gerais (1750-1850)", tese de doutorado, UFMG-FAFICH, 2009).

No que diz respeito às descrições do Rio de Janeiro quando Cláudio ali viveu, acompanhei Nireu Cavalcanti, *O Rio de Janeiro setecentista* (Rio de Janeiro: Jorge Zahar, 2004). Para sua vida em Portugal, vali-me, mais uma vez, da pesquisa portentosa de Júnia Furtado sobre o contratador João Fernandes de Oliveira (o já citado *Chica da Silva...*) e, no caso particular de Coimbra, tanto do trabalho de Flávio Rey de Carvalho (*Um humanismo português? A reforma da Universidade de Coimbra* (1772), São Paulo: Annablume, 2008) quanto de vários capítulos, escritos por diferentes autores, da *História da Universidade em Portugal* (vol. I, tomo II, 1537-1771, Universidade de Coimbra/Fundação Calouste Gulbenkian [1997]). Já para os estudantes mineiros em Coimbra, é fundamental recorrer ao trabalho de Virgínia Maria Trindade Valadares, *Elites mineiras setecentistas: conjugação de dois mundos* (Lisboa: Edições Colibri, 2004). Sobre os julgamentos correntes em Portugal acerca da poesia de Cláudio e de outros poetas luso-brasileiros, usei as *Cartas de Lília e Tirse* (1771-1777), organizadas por Vanda Anastácio (Lisboa: Edições Colibri/ Fundação das Casas de Fronteira e Alorna, 2007).

Na caracterização do ambiente urbano que o poeta encontrou quando de volta à capitania, segui Flamínio Corso, "O palácio dos governadores" (*in Terra do ouro*, Ouro Preto: Livraria Mineira, 1932, pp. 27-52) e, mais uma vez, o artigo já citado de Cláudia Damasceno Fonseca. Rastreei as atividades camarárias de Cláudio, bem como suas relações com os contratadores, em vários códices do Arquivo Público Mineiro, tanto no fundo referente à documentação da Câmara Municipal de Ouro Preto quanto no fundo Casa dos Contos (CMOP, códice 65; CMOP, códice 69; CC, cx. 37, documento 30 082; CMOP, códice 77; CC, cx. 5, doc. 10111; CC, cx. 125, documento 20 944; CC 1174).

Foi possível reconstituir a atuação de Cláudio Manuel da Costa como advogado em Vila Rica, bem como os livros existentes nas bibliotecas dos homens de leis da região graças ao trabalho exemplar de Álvaro de Araújo Antunes ("Fiat Justitia: os advogados e a prática da justiça em Minas Gerais. 1750-1808", tese de doutorado, Unicamp, 2005; *Espelho de cem faces: o universo relacional de um advogado setecentista*, São Paulo: Annablume, 2004). Para tudo o que diz respeito a academias e vida acadêmica, lancei mão de outro estudo notável, *Esquecidos e renascidos: historiografia acadêmica luso-americana (1724-1759)*, de Iris Kantor (São Paulo: Hucitec, 2004), qualificando melhor o caso da Arcádia Ultramarina com "Os ultramarinos", de Antonio Candido (*Vários escritos*, 4ª ed. reorganizada pelo autor, São Paulo/Rio de Janeiro: Duas Cidades/Ouro Sobre Azul, 2004, pp. 153-65). Ainda é estimulante e prazerosa a leitura de O *diabo na livraria do cônego*, de Eduardo Frieiro, que tanto influenciou os estudos sobre leitura (Belo Horizonte: Itatiaia, 1957, pp. 9-82), inclusive o de Luís Carlos Villalta, referência obrigatória para quem se dedica ao assunto Minas colonial ("Reformismo ilustrado, censura e práticas de leitura: usos do livro na América portuguesa", tese de doutorado, São Paulo, FFLCH-USP, 1999). Inspirei-me, em mais de um aspecto, em O *Tiradentes leitor*, de Rafael de Freitas e Souza (Viçosa: Suprema Gráfica e Editora Ltda., 2008) e no *Luzes e trevas: Minas Gerais no século XVIII*, de Fábio Lucas (Belo Horizonte: Editora UFMG, 1998).

E Frieiro me valeu muito também para reconstituir, com base nos sequestros e inventários, a vida material de

Cláudio e seus familiares ("Como era Gonzaga?", *in op. cit.*, pp. 85-130), além de acompanhar o livro clássico e precursor de José de Alcântara Machado, *Vida e morte do bandeirante* (*in Intérpretes do Brasil*, vol. I, Rio de Janeiro: Nova Aguilar, 2000, pp. 1189-358, 3 vols.).

O mundo dos contratos e da economia ganhou maior inteligibilidade por meio do trabalho já referido de Ângelo Carrara e, ainda, dos de Tarquínio J. B. de Oliveira (*Um banqueiro na Inconfidência: ensaio biográfico sobre João Rodrigues de Macedo...*, Ouro Preto: ESAF/ Centro de Estudos do Ciclo do Ouro, 1981) e de Mauro de Albuquerque Madeira (*Letrados, fidalgos e contratadores de tributos no Brasil colonial*, Brasília: Coopermídia/Unafisco/Sindifisco, 1993).

O mundo da música, do teatro, das óperas foi visto com o apoio mais geral de David Cranmer, "L' Opéra dans les théatres privés entre 1733 et 1792" (*in Sociabilités intellectuelles: XVIe—XXe siècles.* Arquivos do Centro Cultural Calouste Gulbenkian, vol. XLIX, Lisboa/Paris, 2005, pp. 83-91) e as orientações mais particulares de Afonso Ávila (*O teatro em Minas Gerais: séculos XVIII e XIX*, Ouro Preto: Prefeitura Municipal de Ouro Preto, 1978), M. Conceição Resende (*A música na história de Minas colonial*, Belo Horizonte: Itatiaia, 1989) e, obviamente, Francisco Curt Lange (*História da música nas irmandades de Vila Rica*, Belo Horizonte: Publicações do Arquivo Público Mineiro, 1979).

Cheguei às amantes de figurões em Minas, como Saião e Teixeira Coelho, e pude melhor caracterizar aspectos do ambiente no qual Cláudio circulou quando homem maduro e inserido no aparelho administrativo graças ao estudo revelador de Caio César Boschi sobre José João Teixeira Coelho (*Instrução para o governo da capitania de Minas Gerais*, organização, transcrição documental e textos introdutórios de Caio César Boschi, Belo Horizonte: Secretaria de Estado da

Cultura, Arquivo Público Mineiro, Instituto Histórico e Geográfico Brasileiro, 2007). Para os mecanismos que norteavam a obtenção do hábito de Cristo, foi imprescindível recorrer ao livro já clássico de Fernanda Olival (*As ordens militares e o Estado moderno: honra, mercê e venalidade em Portugal* (1641--1789), Lisboa: Estar Editora, 2001). O caso de Minas Gerais pode ser mais bem entendido com a leitura da tese de Roberta Stumpf, "Cavaleiros do ouro e outras trajetórias nobilitantes: as solicitações de hábitos das ordens militares nas Minas setecentistas" (Universidade de Brasília, 2009).

Para o capítulo "Delírio", em que me permiti imaginar o que ia pela cabeça de Cláudio nas horas que antecederam sua morte, baseei-me o tempo todo em imagens tiradas de sua poesia e procurei caracterizar sua indecisão com base nas considerações da crítica especializada, tomando por base sobretudo Sérgio Buarque de Holanda, Antonio Candido e Sérgio Alcides. Para as imagens da abelha e da aranha, bem como no que toca à polêmica dos Antigos e dos Modernos, recorri a Marc Fumaroli, "Les abeilles et les araignées" (introdução a *La querelle des anciens et des modernes* — XVIIe-XVIIIe siècles, Paris: Gallimard, 2001, pp. 216-8).

Por fim, vali-me de meus próprios trabalhos, sobretudo do primeiro deles, *Desclassificados do ouro* (Rio de Janeiro: Graal, 1982), mas igualmente de vários capítulos de *O sol e a sombra* (São Paulo: Companhia das Letras, 2006), bem como de muita pesquisa acumulada ao longo de mais de trinta anos em arquivos mineiros, cariocas, portugueses e norte-americanos. Sem a familiaridade com essas fontes — assentos de visitas pastorais, listas de devedores e pagadores da capitação, centenas de inventários e testamentos, correspondência administrativa, consultas do Conselho Ultramarino, processos de remuneração de serviços —, seria impossível discorrer sobre os quilombos, os presídios de índios, as terras interiores, a percepção do mundo natural, arriscar as considerações sobre os nomes usados nas Minas setecentistas, colorir melhor a animosidade entre reinóis e "coloniais". Neste último caso, contei com panfletos da época sobre os quais caí por acaso, em circunstâncias diferentes, na seção de obras raras da Biblioteca Nacional de Portugal e da Newberry Library (Chicago): são eles "Conselhos que dá um Brazileiro veterano a todos os seus patrícios que chegarem a esta Corte. Em que lhes mostra as cousas, de que se hão de livrar, para em tudo acertarem e viverem com honra", do qual não identifiquei a casa editora mas que foi publicado por volta de 1778, e o "Discurso que fizeram duas senhoras portuguesas... Diálogo entre Marcina e Delmira" (Lxa, Na Typografia Lacerdina, 1778).

Glossário

ALQUEIRE: Medida de terra correspondente, em Minas e no período, a 48 400 metros quadrados.

CÂMARA: Local onde se reuniam os responsáveis pela administração municipal, também designado como Senado da Câmara.

CAMARISTAS: Membros da Câmara: dois *juízes ordinários*, que se alternavam mensalmente na presidência da Câmara e respondiam pela justiça de primeira instância, tendo de residir no local e não necessitando ter formação em Leis; três *vereadores*, por ordem de idade ("vereador mais velho", "vereador mais moço"); *procurador* (cargo executivo correspondente ao dos atuais prefeitos).

O exercício da função na Câmara era obrigatório e gratuito, havendo dispensa em caso de doença, caso contrário as faltas implicavam pagamento de multa.

CAPITAÇÃO: Sistema de cobrança do quinto estabelecido em Minas entre 1735 e 1751, que determinava o pagamento anual de 4 ¾ oitavas, equivalentes a dezessete gramas de ouro sobre todo escravo empregado em qualquer atividade econômica da capitania, incidindo também sobre os ofícios, lojas, vendas e hospedarias. Estavam isentos os escravos de eclesiásticos, governadores, oficiais de guerra e ministros.

CASAS DE FUNDIÇÃO: Local onde o ouro extraído das minas era

recolhido, fundido e, uma vez deduzido o quinto, transformado em barras marcadas com o selo real, que indicava o peso, o quilate e o ano de fundição. Cada casa ficava em uma cabeça de comarca. As despesas com a *braçagem* — soma devida ao fundidor — e a *senhoriagem* — direito real — eram cobertas pelo proprietário do ouro. Nas Minas, houve mais de uma tentativa de implantá--las, mas passaram a funcionar de fato a partir de 1751.

COMARCA: Divisão administrativa e judiciária da capitania, sediada na vila principal da região. Ao longo do século XVIII, foram quatro as comarcas mineiras: Ouro Preto, com sede em Vila Rica; Rio das Mortes, com sede em São João del Rei; Rio das Velhas, com sede em Sabará; Serro, com sede na Vila do Príncipe. Havia um ouvidor em cada comarca, e o principal deles, o *ouvidor-geral*, ao qual os demais deviam responder, era o de Ouro Preto, que residia em Vila Rica.

DERRAMA: Imposto cobrado para completar o pagamento do quinto que recaía, ou era *derramado*, sobre a população. Os valores a serem pagos por indivíduo variavam conforme sua posição social e econômica. A partir de 1750, estipulou-se que seria cobrado quando o quinto não atingisse a quantia de cem arrobas.

DEVASSA: Processo judicial sobre delito ou crime, com o objetivo de definir os fatos por meio de inquirição de testemunhas e outros meios de prova, para, assim, punir os culpados e garantir a tranquilidade pública. A *devassa geral* era a que se tirava sobre delito incerto; a *devassa especial* era a que, tendo-se o delito por certo, visava comprovar o autor. *Devassa de inconfidência* era a que visava apurar e punir *crimes de lesa-majestade de primeira cabeça.*

INTENDENTE DO OURO: Era o encarregado das intendências, criadas em 1736 para fiscalizar a arrecadação do ouro e demais questões ligadas ao metal. Quando se criaram as Casas de Fundição, em 1751, as intendências continuaram a existir, conjugadas a ela, bem como a figura do intendente.

LÉGUA: Medida equivalente a 6600 metros (légua de sesmaria).

OITAVA: Medida de peso equivalente a 3,5 gramas de ouro. Passou por diversas oscilações de valor. No texto, fiz as conversões tomando em geral o valor de 1$200 (mil e duzentos réis) a oitava.

OUVIDOR: Juiz togado de instância superior. *Ouvidor-geral*: juiz com alçada no cível e no crime com a maior jurisdição de uma comarca, provido a cada três anos, podendo ser reconduzido pela secretaria do Reino através do desembargo do Paço. Com o título acessório de *corregedor*, fiscalizava por correições anuais o comportamento das autoridades menores e juízes de primeira instância, inclusive das câmaras.

QUINTO: Tributo em espécie (ouro) cobrado para o Fisco Real nas casas de fundição, à razão de vinte por cento do peso oferecido à quintagem. As pequenas quantidades eram pagas em bilhetes impressos que serviam de moeda *divisionária*. Quantidades maiores eram reduzidas, por fundição, a barras, das quais se retirava a parte do tributo, e então eram marcadas com o valor do seu peso e toque, acompanhadas de um bilhete de autenticação e quitação. O valor estabelecido para a cota do quinto a ser pago pelos habitantes das Minas variou ao longo do século: trinta arrobas (1713-8); 25 arrobas (1718-22); 37 arrobas (1722-33); cem arrobas (de 1733 em diante).

OURO EM BARRA: Valia 1$850 réis (1850 réis) por oitava.

OURO EM PÓ OU FOLHETA: Só podia circular na capitania de Minas Gerais, e valia 1$200 réis a oitava.

TERMO: Território encabeçado por uma vila ou cidade, correspondendo ao atual município. Ficava sob jurisdição de um juiz ordinário ou, quando os havia, um juiz de fora (que tinha, obrigatoriamente, formação legal e era enviado pela Coroa).

Cronologia

BRASIL	MUNDO
	1707
	• Coroação de d. João v, tendo assumido o poder no ano anterior.
1729	**1729**
• 5 DE JUNHO: Cláudio Manuel da Costa (CMC) nasce no sítio da Vargem do Itacolomi, bispado de Mariana. • 29 DE JUNHO: CMC é batizado na capela de Nossa Senhora da Conceição.	• Tratado de Sevilha entre Grã-Bretanha, França e Espanha. Portugal perde Mombaça para os árabes.
1745	**1745**
• Provável estadia de CMC no colégio dos jesuítas do Rio de Janeiro.	• A França derrota a Grã-Bretanha na Batalha de Fontenoy e toma os Países Baixos Austríacos.

BRASIL	MUNDO
1749	**1749**
• 1º DE OUTUBRO: Cláudio Manuel da Costa admitido na Universidade de Coimbra, curso de Cânones.	• Henry Fielding publica *Tom Jones*. • Nascimento do poeta alemão Johann Wolfgang von Goethe.
1750	**1750**
• 19 DE JANEIRO: morre João Gonçalves da Costa em Mariana. • DEZEMBRO: fundação do seminário de Mariana.	• Morte de d. João V, sucedido por d. José I; Sebastião José de Carvalho e Melo, futuro marquês de Pombal, é nomeado secretário de Estado. • Tratado de Madri entre Portugal e Espanha, sobre os limites das colônias sul-americanas. • A Europa atinge 140 milhões de habitantes.
1751	**1751**
• 12 DE MAIO: CMC requer ao bispo de Mariana que se digne admiti-lo a fazer as diligências necessárias para sacerdote.	• Início da publicação da *Enciclopédia* (1751-72) por Denis Diderot e Jean-Baptiste D'Alembert.
1754	**1754**
• CMC volta a Minas. • NOVEMBRO E DEZEMBRO: CMC é almotacé junto à Câmara de Mariana.	• Guerra anglo-francesa na América do Norte. • Jean-Jacques Rousseau escreve o *Discurso sobre a origem e os fundamentos da desigualdade entre os homens*.
	1755
	• 1º DE NOVEMBRO: um terremoto devasta Lisboa e mata mais de 30 mil pessoas.
1756	**1756**
• Criação, no Reino, da Arcádia Lusitana.	• Início da Guerra dos Sete Anos.

BRASIL	MUNDO
1758	**1758**
• 1º DE JANEIRO: CMC toma posse na Câmara de Vila Rica como terceiro vereador. • MAIO 1758 — processo de habilitação de *genere et moribus* de CMC se dá por concluído, mas incompleto, faltando inquirições, e não se fala mais disso. • 1758 — o Senado da Câmara incumbe CMC de realizar carta topográfica de Vila Rica e demora um ano para pagar o prêmio.	• Nascimento do revolucionário francês Maximilien de Robespierre. • A Rússia invade a Prússia Oriental.
1759	**1759**
• Início da relação de CMC com Francisca Arcângela de Souza. • MAIO: criação da Academia Brasílica dos Renascidos, em Salvador, com uma primeira reunião na casa de José Mascarenhas Pacheco Pereira de Mello. • 31 DE OUTUBRO: CMC recebe as cartas e os papéis dos Renascidos.	• A França cede o Québec à Grã-Bretanha. • Expulsão dos jesuítas de Portugal. • Voltaire publica *Cândido ou o otimismo*.
1760	**1760**
• 17 DE OUTUBRO: CMC nomeado pelo governador interino José Antônio Freire de Andrade como procurador da Coroa e da Fazenda substituto.	• O exército russo ocupa Berlim. • Laurence Sterne inicia a publicação de *A vida e as opiniões do cavalheiro Tristram Shandy*.
1761	
• CMC pleiteia hábito da Ordem de Cristo, conforme Alberto Lamego.	

BRASIL	MUNDO
1762	**1762**
• 1º DE JANEIRO: CMC toma posse e jura como juiz ordinário na Câmara de Vila Rica (ou juiz mais moço). • 15 DE JUNHO: CMC é nomeado secretário de Minas por José Antônio Freire de Andrade ou por Gomes Freire em substituição a Manoel da Silva Neves, continuando no cargo durante o governo seguinte, de Luís Diogo Lobo da Silva.	• Rousseau publica *Contrato social*. • A biblioteca da Sorbonne é aberta em Paris. • Estimulada pela França, a Espanha invade Portugal e é repelida com auxílio inglês, dando início a "Guerra Fantástica".
1763	**1763**
• 1763-4: CMC solicita mercê real — visando o hábito de Cristo — por ter feito entrar mais de oito arrobas na Casa de Fundição de Vila Rica. • 28 DE DEZEMBRO: posse de Luís Diogo Lobo da Silva como governador de Minas Gerais. • Transferência da sede do vice-reino de Salvador para o Rio de Janeiro.	• Fim da Guerra dos Sete Anos. • Primeiras Câmaras de Comércio em Nova York e Nova Jersey.
1764	**1764**
• Iniciam-se *démarches* para a criação da Arcádia Ultramarina: essa é a data do diploma concedido pelo custode romano, Morei (Mireo Rofeático), a Joaquim Inácio de Seixas Brandão. • 28 DE JULHO: CMC pagou 40$000 réis em barras de ouro pela derrama à Real Casa de Fundição de Vila Rica (assento de 17/12/1764).	• Expulsão dos jesuítas da França. • Voltaire publica o *Dicionário filosófico*.
1765	**1765**
• SETEMBRO: CMC deixa a secretaria do governo de Minas e José Luís Saião inicia período de quinze anos no mesmo cargo.	• O futuro Luís XVI torna-se herdeiro do trono francês.

BRASIL	MUNDO

1766

- 25 DE FEVEREIRO: desembargador Manuel da Fonseca Brandão termina devassa sobre Pitangui e expõe os fatos que incriminam CMC.
- MAIO: CMC é interrogado pelo juiz da devassa sobre episódios de Pitangui e confessa ter sido o autor da exposição atribuída ao vigário Antônio Pereira de Azevedo.
- 22 DE AGOSTO: é concedido o hábito de Cristo a José Antônio Alvarenga Barros Freire, irmão caçula de CMC.

1766

- Primeira calçada pavimentada, em Londres.
- Instituição da liberdade de culto na Rússia.

1767

- 2 DE ABRIL: CMC e o dr. Tomás de Aquino Belo Freitas, médico de Gomes de Araújo, o "Arúncio", estão presentes na morte do amigo no sertão.
- 10 DE DEZEMBRO: consulta do Conselho Ultramarino avalia pedido de CMC quanto ao hábito de Cristo.

1767

- Expulsão dos jesuítas da Espanha.
- Rousseau se muda para a Inglaterra.

1768

- 18 DE JUNHO: rei concede a CMC a mercê do hábito de Cristo e 12$000 réis de tença.
- 16 DE JULHO: o conde de Valadares toma posse e Luís Diogo se retira. CMC possivelmente estava presente no ato.
- 4 DE SETEMBRO: criação da Arcádia Ultramarina. Recitação de poemas no palácio dos governadores para felicitar a posse de Valadares como governador de MG. Momento provável em que Valadares é feito custode da Arcádia Ultramarina, como pastor Daliso.

1768

- James Cook completa sua primeira viagem ao redor da Terra.
- Estreia da primeira ópera de Mozart em Viena, *Bastien und Bastienne*.

BRASIL	MUNDO
1769	**1769**
• 9 DE ABRIL: provisão de Valadares nomeando CMC juiz das demarcações de sesmarias do termo de Vila Rica. • 13 DE MAIO: CMC eleito para fiscal da Câmara do trimestre de agosto, setembro e outubro. • 8 DE JULHO: CMC faz petição pedindo pátria comum no processo de habilitação para o hábito de Cristo. • SETEMBRO-OUTUBRO: rei concede pátria comum a CMC. • 19 DE DEZEMBRO: terminam no Reino inquirições de pátria comum de CMC.	• Nascimento de Napoleão Bonaparte em Ajaccio, na Córsega.
1770	**1770**
• 2 DE MAIO: CMC considerado indigno de entrar para a Ordem de Cristo pela mecânica do avô e segunda condição da avó. Irá recorrer.	• A primeira Revolução Industrial se consolida na Inglaterra.
1771	**1771**
• Cláudio se torna advogado da ordem terceira de São Francisco recebendo sessenta oitavas de ouro por ano. • 16 DE SETEMBRO: CMC é dispensado gratuitamente dos defeitos de seus avós. • 9 DE OUTUBRO: CMC habilitado na ordem de Cristo.	• A Rússia e a Prússia entram em acordo sobre a partição da Polônia. • Início da publicação da *Encyclopaedia Britannica*.
1772	**1772**
• 17 DE OUTUBRO: relação de contribuintes ou assinantes da Casa da Ópera de Vila Rica inclui homens importantes, como CMC e o desembargador Teixeira Coelho.	• Fim da Inquisição na França.

BRASIL	MUNDO

1773

- 22 DE MAIO: Antônio Carlos Furtado de Mendonça toma posse como governador de Minas Gerais e Valadares se retira. O nome de CMC figura no ato da posse.

1773

- Protestos contra a taxação britânica do chá em Boston.
- O papa Clemente XIV dissolve a Companhia de Jesus.

1775

- 1775-80: elaboração de várias das *Poesias inéditas* oferecidas aos governadores ou sobre acontecimentos do período.
- JANEIRO: Furtado de Mendonça se retira de MG.
- JANEIRO A 29 DE MAIO: governo interino do coronel Pedro Antônio de Gama Freitas.
- 29 DE MAIO: posse de dom Antônio de Noronha como governador de MG.

1775

- Revolta camponesa contra a servidão na Boêmia.
- Início da Revolução Americana. James Watt aperfeiçoa sua máquina a vapor.

1776

- Inácio José de Alvarenga Peixoto chega a MG nomeado ouvidor para a comarca do Rio das Mortes.

1776

- 4 DE JULHO: Declaração da Independência dos Estados Unidos da América.
- Adam Smith publica *A riqueza das nações*.

1777

- Antoine Lavoisier demonstra que o ar é composto principalmente de nitrogênio e oxigênio.
- Morte de D. José I, sucedido por D. Maria I. Início da "Viradeira".

1780

- 20 de fevereiro: posse de d. Rodrigo José de Meneses como governador de MG e retirada de d. Antônio.

1780

- Rebelião contra o domínio espanhol no Peru.
- Fundação da American Academy of Sciences em Boston.

BRASIL	MUNDO
1781	1781
• 1º DE JANEIRO: Cláudio toma posse como juiz mais moço na Câmara de Vila Rica.	• Publicação das *Confissões*, de Rousseau. • Immanuel Kant publica *Crítica da razão pura*. • Abolição da servidão na Áustria.
1782	
• Batizado de José Tomás, filho de d. Rodrigo José de Meneses, com festa no palácio. Alvarenga Peixoto lhe oferece o "Canto Genetlíaco". • 12 DE DEZEMBRO: T. A. Gonzaga assume cargo de ouvidor de Vila Rica.	
1783	1783
• 10 DE OUTUBRO: posse de Luís da Cunha Meneses como governador de MG e retirada de d. Rodrigo.	• Após quase dez anos de guerra, a Grã-Bretanha reconhece a independência dos Estados Unidos.
1786	1786
• CMC eleito juiz mais velho da Câmara de Vila Rica. • 21 DE NOVEMBRO: encontro de José Joaquim da Maia com Jefferson.	• Goethe inicia sua viagem à Itália. • Estreia em Viena a ópera *As bodas de Fígaro*, de Mozart.
1788	1788
• 11 DE JULHO: retirada de Luís da Cunha Meneses e posse do visconde de Barbacena no governo de MG. • 15 A 26 DE DEZEMBRO: período mais intenso das reuniões dos inconfidentes.	• O rei Luís XVI convoca os Estados Gerais para o ano seguinte. • Kant publica *Crítica da razão prática*.

BRASIL	MUNDO

1789

- JANEIRO 1789: Joaquim Silvério dos Reis contrata Cláudio como advogado.
- 10 DE MARÇO: Tiradentes obtém licença para ir ao Rio de Janeiro.
- 14 DE MARÇO: carta de Barbacena à Câmara de Vila Rica suspendendo a derrama.
- 15 DE MARÇO: Joaquim Silvério dos Reis vai a Cachoeira denunciar verbalmente o levante. Barbacena suspende a derrama indefinidamente. Desmobilização do movimento.
- 23 DE MARÇO: carta circular de Barbacena às Câmaras suspendendo derrama.
- 11 DE ABRIL: denúncia escrita de Joaquim Silvério dos Reis, seguindo ordens do governador.
- MAIO-OUTUBRO DE 1791: inquirições das devassas do Rio de Janeiro e de Minas Gerais.
- 7 DE MAIO: o vice-rei Luís de Vasconcelos e Sousa institui devassa do Rio de Janeiro.
- 10 DE MAIO: prisão de Tiradentes e Silvério no Rio de Janeiro.
- 17 A 18 DE MAIO: embuçado avisa os conjurados, entre eles Cláudio, que possivelmente queima papéis.
- 22 DE MAIO: primeiro interrogatório de Tiradentes na fortaleza da ilha das Cobras.
- 23 DE MAIO: pela manhã, escolta comandada pelo tenente coronel Francisco Antônio Rebelo prende Gonzaga em sua casa. Prisão de Domingos de Abreu Vieira por outra escolta.
- 24 DE MAIO: prisão de Alvarenga Peixoto e padre Carlos.

1789

- Revolução Francesa.
- 5 DE MAIO: abertura dos Estados Gerais, em Versalhes.
- 17 DE JUNHO: durante a reunião dos Estados Gerais, o Terceiro Estado se autoproclama Assembleia Nacional.
- 14 DE JULHO: Queda da Bastilha; a Assembleia Nacional assume o poder de facto.
- 4 DE AGOSTO: abolição do sistema feudal na França.
- 26 DE AGOSTO: Declaração dos Direitos do Homem e do Cidadão.
- 2 DE NOVEMBRO: confisco dos bens da Igreja.
- Primeira tecelagem a vapor em Manchester.

BRASIL	MUNDO
• 27 DE MAIO: segundo interrogatório de Tiradentes.	

• 27 DE MAIO: segundo interrogatório de Tiradentes.

• 28 DE MAIO: Terceiro interrogatório de Tiradentes.

• 2 A 3 DE JUNHO: os primeiros presos chegam ao Rio.

• 12 DE JUNHO: Barbacena abre sua própria devassa: Pedro José Araújo de Saldanha (juiz presidente) e José Caetano César Manitti (secretário escrivão).

• 22 DE JUNHO: prisão do cônego Luís Vieira da Silva em Mariana.

• 24 DE JUNHO: destacamento de trezentos soldados de Cavalaria chega a Vila Rica.

• 25 DE JUNHO: prisão de CMC.

• 2 DE JULHO: interrogatório de Cláudio na Casa dos Contos.

• 3 DE JULHO: duzentos soldados de Infantaria chegam a Vila Rica.

• 4 DE JULHO: CMC encontrado morto na Casa dos Contos pela manhã.

• 6 DE JULHO: chegam a Vila Rica os juízes devassantes vindos do Rio de Janeiro.

• 11 DE JULHO: despacho de Barbacena ao ministro Martinho de Melo e Castro (MMC), em Lisboa, no qual discute depoimento de Cláudio mas não conta que ele morreu.

• 14 DE JULHO: sequestro dos bens de CMC, incluindo a fazenda do Fundão.

• 15 DE JULHO: despacho de Barbacena a Lisboa (MMC) falando da morte de CMC e anexando laudo médico sobre suicídio.

• 16 DE JULHO: o vice-rei Luís de Vasconcelos e Sousa escreve ao ministro Martinho de Melo e Castro falando da conjuração de Minas Gerais.

BRASIL	MUNDO
• 28 DE JULHO: início da devassa no Rio de Janeiro. • 31 DE JULHO: novo sequestro dos bens de CMC, incluindo a casa de Vila Rica. • 1º DE AGOSTO: novo sequestro dos bens de CMC, incluindo o sítio e lavras do Canela nos arredores de Mariana. • SETEMBRO: rumores de sublevação em Minas Gerais aparecem em escritos ingleses em Lisboa.	

1790	1790
• JANEIRO: impasses entre as duas devassas chegam a tal ponto que ameaçam continuidade dos trabalhos. Logo depois, as devassas são unificadas no Rio de Janeiro. • 9 DE MARÇO: ministro Martinho de Melo e Castro acusa recebimento de notícias de Minas Gerais. • fim de junho: relatos sobre Inconfidência chegam a Lisboa. • SETEMBRO-OUTUBRO: ministro Martinho de Melo e Castro dá diretrizes para Minas Gerais. Institui tribunal de inquérito visitador ou de alçada para investigar especificamente os assuntos relacionados à Inconfidência Mineira. • 24 DE DEZEMBRO: alçada chega ao Rio de Janeiro.	• JULHO: o rei se submete à nova monarquia constitucional. • Morte de Benjamin Franklin. Fundação de Washington, D.C.

BRASIL	MUNDO
	1791
	• 21 DE JUNHO: Luís XVI e sua família tentam fugir da França, mas são detidos. • Goethe é nomeado diretor do teatro da corte de Weimar. • Primeira greve geral, em Hamburgo.
1792	**1792**
• 18 DE ABRIL: leitura da sentença dos réus, no Rio de Janeiro. • 21 DE ABRIL: execução de Tiradentes.	• 13 DE AGOSTO: prisão de Luís XVI. A república é proclamada em 22 de setembro. • A França declara guerra contra a Áustria e a Prússia. • Primeira utilização de gás para a iluminação urbana, em Londres.
1798	
• Início da Conjuração Baiana, movimento de caráter emancipacionista.	
1808	
• A família real portuguesa se muda para o Rio de Janeiro.	
1813	**1813**
• Publicação, no *Patriota* (RJ) do "Fundamento histórico" ao poema "Vila Rica".	• Jane Austen publica *Orgulho e preconceito*.
1818	
• Coroação de d. João VI.	
1822	
• Independência do Brasil.	

BRASIL	MUNDO
1839	1839
• Publicada a primeira edição do poema *Vila Rica* de CMC (Ouro Preto).	• Stendhal publica *A cartuxa de Parma*.
1903	
• Publicadas por João Ribeiro as *Obras poéticas de Cláudio Manuel da Costa* (RJ). Vários poemas não são incluídos.	

Índice remissivo

Alcides, Sérgio, 123, 128
Alcipe *ver* Alorna, marquesa de
Alfieri, Vittorio, 128
Almeida, João de, d., 132
Almeida, Lourenço de,
    d., 17-8, 41-2
Almeida, Lúcia Machado de, 50
Almeida, Rodrigo da Costa e, 149
Almeida, Teodoro de, 59
Alorna, marquesa de, 131-2, 136, 160
Alpoim, José Fernandes Pinto,
    50, 77-8
Alvarenga Peixoto *ver* Peixoto,
    Inácio José de Alvarenga
Alvarenga, Isabel Rodrigues
    de, dona (avó materna
    de Cláudio Manuel), 24
Alvarenga, Teresa Ribeiro de
    (mãe de Cláudio Manuel),
    15, 17, 19, 21-8, 36, 40-1,
    50, 74-6, 106, 113, 116, 141
Ambrósio, santo, 66
Anacreonte, 135

Andrade, Carlos Drummond
    de, 14, 192, 194
Andrade, Francisco de Paula
    Freire de, coronel, 89, 175,
    179, 181, 188
Andrade, Gomes Freire de, 50-1,
    72, 77-8, 95-6, 99, 102, 121, 131,
    153, 164
Andrade, Joaquim Pedro de, 14
Andrade, José Antônio Freire de,
    78, 89, 95-6, 99, 121
Antônia, escrava, 181
Antonio, santo, 12
Antunes, Álvaro, 105
Anunciação, Francisco da,
    d., 58, 60, 65-6
Araújo, Cláudia de, 20
Araújo, José Gomes de, 96, 98,
    100-1, 119, 121
Ariosto, Ludovico, 93
Arouca, José Pereira, 77
Artaxerxes (comédia), 57
Arzão, Antônio Rodrigues, 48

Ataíde, Manuel da Costa, 12, 77
Ávila, Afonso, 33
Azevedo, Antônio Pereira
de, padre, 102

Bandeira, Francisco Gregório
Pires Monteiro, 166, 168
Bandeira, Manuel, 13
Barbacena, visconde de,
169-74, 178-80, 184-5,
193-5
Barbosa, Agostinho, 106
Barbosa, Matias, 72
Barreto, João Caetano Soares, 101
Barros, João Borges de, 148
Barros, João de, 133
Batalha, Manuel Freire, 42
Bayle, Pierre, 136
Beccaria, marquês, 183
Bielfeld, 134
"Bilhete de suicida" (Moura), 191
Boaventura, são, 12
Bobadela, conde de ver Andrade,
Gomes Freire de
Bocage, Manuel Maria Barbosa
du, 131
Boileau, Nicolas, 93
Bourbon, Maria José de Eça
e, dona, 154-5, 157, 169
Boxer, Charles, 90
Braga, Francisco de Freitas, 90-1
Braga, Francisco Nunes, 91
Brandão, Carlos Pinto, 107
Brandão, Joaquim Inácio de
Seixas, 150
Brandão, Manuel da Fonseca,
96, 102
Brant, Felisberto Caldeira, 45

Cabral, Antônio Vanguerve, 106
Caldara, Antonio, 138
Caldero, Miguel de, 106
Calepino, Ambrósio, 135

Camões, Luís de, 135
Candido, Antonio, 159, 162
Cannochiale aristotelico
(Tesauro), 135
"Canto heroico ao Ilmo.
e Exmo sr. d. Antônio de
Noronha" (Cláudio Manuel
da Costa), 46, 153
"Caramuru" (Santa Rita Durão),
63, 133
Cardoso, Francisca ver Souza,
Francisca Arcângela de
Carlos Borromeu, são, 66
Carmo, José Veloso do, capitão,
90-2
"Cartas chilenas" (Gonzaga), 13,
93, 153, 155, 168
Castiglione, Baltazar, 12
Castro, André de Melo e
(conde das Galveias), 42, 150
Castro, Gabriel Pereira de, 135
Catão, Leandro, 47
Coelho, José João Teixeira, 61,
108, 137, 141
Coleção das Leis constitutivas das
colônias inglesas confederadas
sob o nome de Estados Unidos
da América Setentrional, 134
*Commentarii de nobilitate
et jure primigeniorumi*
(Tiraqueau), 106
Compêndio dos elementos de
matemática (Monteiro), 59
Condillac, Étienne Bonnot de, 133
Consentino, Cristóvão César,
padre, 47-8, 50, 60
Cortesão, O (Castiglione), 12
Costa, Ana da (filha de Cláudio
Manuel), 142, 192
Costa, Antônio Gonçalves
da (avô paterno de
Cláudio Manuel), 21, 25, 116
Costa, Antônio Gonçalves
da (irmão de Cláudio
Manuel), 21, 75, 112

Costa, Fabiana da (filha de Cláudio Manuel), 142, 192
Costa, Feliciano Manuel da (filho de Cláudio Manuel), 12, 142, 192
Costa, Francisca da (filha de Cláudio Manuel), 142, 192
Costa, João Antônio Gonçalves da (irmão de Cláudio Manuel), 21
Costa, João Gonçalves da (pai de Cláudio Manuel), 15, 17, 19, 21-8, 34, 36-7, 40-1, 44, 54, 74, 76, 83, 90, 112, 116, 141, 165, 197
Costa, João Gonçalves da (primo-irmão do pai de Cláudio Manuel), 116
Costa, Maria Antônia Clara (filha de Cláudio Manuel), 142, 192
Couto, Diogo do, 133
Cristina da Suécia, rainha, 149
Cruz, Manuel da, d. frei, 31-2, 80, 84
Culto métrico (Cláudio Manuel da Costa), 65

D'Alembert, Jean le Rond, 59, 134, 136
D'Orta, José Caetano Rodrigues, 88-9
Damasceno, Cláudia, 77
Dedução cronológica e analítica (Silva), 133
Delitos e as penas, Os (Beccaria), 183
Demofoonte em Trácia (ópera de Metastasio), 138
Desterro, Antônio do, d., 52
Dias, Fernão, 71, 197
Diderot, Denis, 134, 136
Dona Inês de Castro (tragédia), 57
Durão, José de Santa Rita, frei, 63, 66, 76, 130, 133
Durão, Paulo Rodrigues, sargento-mor, 76

"Écloga III" (Cláudio Manuel da Costa), 138
"Écloga V" (Cláudio Manuel da Costa), 124
Encarnação, Gaspar da, frei, 66
Enciclopédia (Diderot & D'Alembert), 134
Epicédio (Cláudio Manuel da Costa), 66
"Epístola a Critilo" (Cláudio Manuel da Costa), 13, 156
"Epístola I — Alcino a Fileno" (Cláudio Manuel da Costa), 158
Erário mineral dividido em doze tratados (Ferreira), 26-7
Espinosa, Pedro de, 135

"Fábula do Ribeirão do Carmo, A" (Cláudio Manuel da Costa), 61, 151
"Fala" (Cláudio Manuel da Costa), 154
Feijó, Benito, padre, 134
Fernandes, Antônia (avó parterna de Cláudio Manuel), 21, 25, 116
Ferreira, Domingos José, 90-1
Ferreira, Inácio Soares, 41
Ferreira, Luís Gomes, 26
Ferreira, Manuel Lopes, 106
"Flauta mágica, A" (ópera de Mozart), 137
Flores de poetas ilustres (Pedro de Espinosa), 135
Fonseca, José Veríssimo da, 140
Francisco de Sales, são, 21
Francisco, são, 12
Frederico II (comédia), 57
Freire, Francisco de Barros, capitão (avô materno de Cláudio Manuel), 24
Freire, José Antônio de Alvarenga Barros (irmão de Cláudio Manuel), 21, 54, 75, 112, 113-4, 117

Freitas, Tomás de Aquino Belo, 124
Frescobaldi, Girolamo, 31
Fumaroli, Marc, 162
Fundamento histórico ao poema
  Vila Rica (Cláudio Manuel
  da Costa), 149
Furtado, Júnia, 51

Galveias, conde das ver Castro,
  André de Melo e
Gama, Basílio da, 130-2, 150-1, 161
Garção, Corrêa, 150
Genovesi, Antonio, abade, 134
Geografia Histórica (livro
  historiográfico), 136
Geórgicas (Virgílio), 161
Gil Blas de Santillana (novela
  picaresca), 133
Goldoni, Carlo, 93
Gomes, Antônio, 106
Gomes, José Aires, 168-70, 174, 197
Gonçalves, Dionísio Pires, 28
Gonçalves, Domingas, 116
Gonçalves, Francisco Xavier, 12
Gongora, Luís de, 136
Gonzaga, Tomás Antônio, 13, 21,
  93, 106, 131-2, 155, 159, 166, 169,
  171, 173, 175, 178, 180-2, 184-5,
  188, 193, 195
Gracián, Baltasar, 135
Gualaxo, Antônia do, 108, 141
Guarini, Giovanni Battista, 136

Hamlet (Shakespeare), 20
Heliodora, Bárbara ver Silveira,
  Bárbara Heliodora
  Guilhermina da
Henrique IV, rei da França, 185
Henriques, João, 57
História de santo Antão
  (obra religiosa), 136
História filosófica e política
  (Raynal), 134

Historia Mexicana (Rivadeneira),
  136
Holanda, Sérgio Buarque de,
  124-5, 131, 135, 162
Horácio, 146
Houdon, Jean-Antoine, 12
Hume, David, 134

Inácio de Loiola, santo, 136
Inconfidentes, Os (filme), 14
Ivo, santo, 12

Jardim, Márcio, 171, 178
Jefferson, Thomas, 173
Jesus, Francisca Clara de (irmã
  de Cláudio Manuel), 22, 75
Jesus, Madre Maria de, 136
Jesus, Manuel de, padre, 97
João V, d., 17-8, 64, 66, 136, 150
José I, d., 54, 59, 64, 106, 114, 132, 137

La Bruyère, Jean de, 93
Lafittau, Joseph-François, 133
Lage, Domingos Vidal de Barbosa,
  173, 179-80
Lamego, Alberto, 13
Lapa, Manuel Rodrigues, 13, 102
Latino na Cítia (épico), 57
Leitão, Francisco Ângelo, 75-6, 84
Leitão, Mateus Homem, 106
Leme, Pedro Dias Pais, 71-2
Leme, Pedro Taques de Almeida
  Paes, 62, 149
Lima, Domingos Pereira, 28
Lineu, 133
Lisboa, João de Sousa, coronel,
  137, 168
Lobo, Antônio de Sousa, padre, 30
Lógica (Genovesi), 134
Lopes, Francisco Antônio de
  Oliveira, coronel, 174, 182
Lourenço, Domingos, coronel, 28
Lucano, 136

Luís xv, rei da França, 185
Lully, Jean-Baptiste, 31

Macedo, João Rodrigues de, 167,
    169-70, 173-5, 183, 189, 195
Machado, Francisco, 181
Maciel, José Álvares,
    sargento-mor, 89, 137, 170,
    173, 175, 180-1, 188
Maciel, José Dias Rosas, 100
Madre de Deus, Gaspar da,
    frei, 149
Magalhães, João Lourenço de, 85
Maia, José Joaquim da, 173
Malheiro, Basílio de Brito, 179
Manitti, José Caetano César, 184
Maria da Cruz, dona, 44
Maria i, dona, 54
Mariana de Áustria, rainha, 136
Marques, José Pereira, capitão, 168
Matoso, Caetano da Costa,
    69-70, 72
Maxwell, Kenneth, 170
Meditação de Jesus Cristo
    (obra religiosa), 136
Melo, Joaquim de Lima e, 181
Melo, José Mascarenhas Pacheco
    Pereira de, 147
Melo, Sebastião José de Carvalho
    e ver Pombal, Marquês de
Mendonça, Antônio Carlos
    Furtado de, 153
Mendonça, Martinho de ver
    Proença, Martinho de
    Mendonça de Pina e
Meneses, José Luís de, 97, 99, 108,
    126, 137, 151
Meneses, José Teles de, 62
Meneses, José Tomás, 154
Meneses, Luís da Cunha, 92,
    155, 167
Meneses, Rodrigo José de, d., 99,
    154-5, 165, 169
Metastasio, Pietro, 131, 136-8, 151

Miranda, Sá de, 14, 93, 133, 136
Mística Cidade de Deus
    (Madre Maria de Jesus), 136
Monarquia portuguesa
    (livro historiográfico), 136
Montaigne, Michel de, 19, 162
Monteiro, Inácio, 59
Monteiro, Isabel Pires, 62
Montesquieu, 93, 133, 173
Monteverdi, Claudio, 31
Morais, Vinicius de, 13
Moréri, Luís, 136
Morte de César (tragédia), 57
Mota, Matias Teixeira da, 28
Moura, Emílio, 191
Mozart, Wolfgang Amadeus, 137
Munúsculo métrico (Cláudio
    Manuel da Costa), 65
Museu da Inconfidência
    (Drummond de Andrade), 192
Música do Parnaso (Oliveira), 161

Navarro, Francisco Pedroso, 75-6
Neves, Antônio Dias Teixeira
    das, 102
Neves, Manuel da Silva, 95
Noronha, Antônio de, d., 46, 99,
    153, 170

Obras (Cláudio Manuel da Costa),
    17, 78, 124-5, 128, 131-2, 138, 161
Oeiras, conde de ver Pombal,
    Marquês de
Oliveira, Botelho de, 161
Oliveira, João Fernandes de
    (filho), 37, 45, 117, 141, 165
Oliveira, João Fernandes de
    ("o Velho"), 27, 37, 44-5,
    51, 53-4, 57, 62, 90, 141,
    165, 171
Oliveira, Ventura Fernandes de,
    tenente-coronel, 90, 171
Orphanologia practica (Pona), 106

Osório, Benedito Cardoso, 106
Ovídio, 66, 136, 146

Palestrina, Giovanni Pierluigi da, 31
Pamplona, Inácio Correia, 179
"Parnaso obsequioso, O" (Cláudio
    Manuel da Costa), 126, 151, 153
Pedro, o Grande, tsar da Rússia, 154
Peixoto, Inácio José de Alvarenga,
    13, 21, 131-2, 154, 156, 160, 166,
    168-9, 171, 174-5, 182
Pereira, Afonso Dias, capitão, 88
Pereira, Bento, 135
Pereira, Nuno José Pinto, 85
Pérez, Davi, 138
Petrarca, Francesco, 93, 136, 146
Phebo, Melchior, 106
Pinto, João Duarte, 107
Pisa, Luís Vaz de Toledo, 174
Poesias manuscritas (Cláudio
    Manuel da Costa), 46, 198
Pombal, Marquês de, 40, 47, 59,
    64-7, 97, 132-3, 138, 147, 153,
    164, 165, 180
Pona, Antônio de Paiva e, 106
Potira, índia, 19
Prática criminal (Ferreira), 106
Prática judicial (Cabral), 106
Proença, Martinho de Mendonça
    de Pina e, 44, 96
"Prólogo" (Cláudio Manuel da
    Costa), 128, 138, 161
Prosódia (Pereira), 135

Quando a mulher se não guarda,
    guardá-la não pode ser
    (panfleto), 57
Queiroga, Francisco Teixeira de, 167
Queiroga, Manuel Teixeira de,
    92-3, 105, 143, 171
Quevedo, Francisco de, 135

Rabelais, François, 106
Rafael, 12
Ramalho, João, 19
Rameau, Jean-Philippe, 31
Ramos, Graciliano, 194
Ravaillac, François, 185
Raynal, Guillaume Thomas
    François, 133-4, 173
Recreação filosófica (Almeida), 59
Reis, Joaquim Silvério dos, 167,
    171, 179
Reis, Manoel da Costa, 85
Ribeiro, João, 14, 194
Ribeiro, José Pereira, 105,
    133-4, 166
Riqueza das nações, A (Adam
    Smith), 135
Rivadeneira, Antonio de Solis e,
    136
Robertson, 134
Rocha, José Joaquim da, 59
Rodrigues, Garcia, 71
Rolim, José da Silva e Oliveira,
    padre, 169, 175, 182, 188

Sá, João Ferreira de Bettencourt
    e, 62, 148
Safo, 135
Saião, José Luís, 97, 99, 108, 141
Saldanha, Diogo José da Silva,
    sargento-mor, 90
Saldanha, Pedro José de Araújo,
    174, 184
Sales, Francisco de (irmão de
    Cláudio Manuel), 21-2, 54,
    75, 112-4, 117
Santa Maria, Antônio de, frei,
    66, 112
Santa Rita Durão, frei José de ver
    Durão, José de Santa Rita, frei
Santa Rosa, Caetano de, frei, 31
Santiago, Silviano, 194
Santíssima Trindade, José da,
    d. Frei, 24

Santos, Filipe dos, 172
Santos, José Francisco dos, 28
Santos, Lúcio José dos, 178
Santos, Manuel Ribeiro dos,
   capitão, 123
São Bernardo (ópera atribuída
   a Cláudio Manuel), 137-8
São Martinho, Pedro Afonso
   Galvão de, sargento-mor, 183
Scarlatti, Domenico, 31
Schwartz, Stuart, 108
Seixas, Maria Doroteia Joaquina
   de, 108, 174
Sêneca, 66
Sevalino, 106
Shakespeare, William, 20
Silva, Antônio Diniz da Cruz
   e, 61, 150
Silva, Chica da, 37, 45, 141
Silva, Francisco Ferreira da, 44
Silva, Francisco Xavier da,
   30, 75
Silva, José Gomes da, 123
Silva, José Seabra da, 133
Silva, Luís Diogo Lobo da,
   96-101, 109, 119-20,
   122-3, 126, 153
Silva, Luís Vieira da, cônego,
   105, 133-4, 166, 169, 171,
   176, 180
Silva, Manuel José da, 142
Silveira, Bárbara Heliodora
   Guilhermina da, 13, 174
Silveira, Marco Antônio, 82
Siqueira, José Manuel de, 95
Smith, Adam, 135
"Sonetos" (Cláudio Manuel da
   Costa): Soneto II, 35; Soneto
   LXII, 74; Soneto LXXVI, 68;
   Soneto VII, 78, 198; Soneto
   XCIX, 187; Soneto XVIII, 17;
   Soneto XXXVII, 163
Sousa, Francisco Xavier de, 85
Sousa, José Vasconcelos Parada
   e, sargento, 196

Sousa, Luís de Vasconcelos
   e, 181, 195
Souza, Francisca Arcângela
   de (companheira de Cláudio
   Manuel), 14-6, 80, 108,
   141-2, 193, 196
Suetônio, 66

Taques, Pedro ver Leme, Pedro
   Taques de Almeida Paes
Tasso, Torquato, 93
Teixeira, Silvério, 76
Tesauro, Emmanuele, 135
Tibiriçá, cacique, 19
Tiradentes, 134, 175, 179-81, 184-5,
   188, 193, 197
Tiraqueau, André, 106
Toledo, Carlos Correia de, padre,
   168-9, 174-5, 182-4, 188
Tomás de Cantuária, são, 66
Torres, Antônio Gonçalves,
   coronel, 108
Torres, Fernando, 15
Torres, José Pedro Machado
   Coelho, 195

Ubá, Isabel Dias ver Potira, índia
Ulisseia (Castro), 135
"Uraguay" (Gama), 151, 161
Urrey, Cláudio, 20

Valadares, conde de ver Meneses,
   José Luís de
Valasco, Álvaro, 106
Valério, Pedro, 66
Valois, Ana Rosa Felícia de
   (irmã de Cláudio Manuel),
   22, 75
Vasconcelos, Antônio José
   da Cunha, 85
Vasconcelos, Diogo Pereira
   Ribeiro de, 166, 181

Vasconcelos, João Pacheco Pereira
de, 147
Vega, Garcilaso de la, 136
Veiga, Domingos Ferreira, 91
Velasco, Josefa Fidélis Molina de,
108
Verdadeiro método de estudar
(Verney), 58
Verney, Luís António, 58
Vieira de Jesus Maria, Francisco
(tio de Cláudio Manuel),
41, 48, 50, 85
Vieira, Domingos Abreu, 175
Vieira, Domingos de Abreu, 167,
169, 171, 179, 182, 184, 188
"Vila Rica" (Cláudio Manuel
da Costa), 25, 48, 63, 98, 120,
127-8, 130, 135, 142, 159
Vimieiro, condessa de, 131
Virgílio, 66, 136, 146, 161
Voltaire, 12, 93, 133, 173

Xavier, Joaquim José da Silva
ver Tiradentes

Zaíra (tragédia), 57

Esta obra foi composta
por warrakloureiro
em Electra e impressa
pela Gráfica Bartira
em ofsete sobre
papel pólen soft da
Suzano Papel e Celulose
para a Editora Schwarcz
em março de 2011